내 아이를 살리는
비폭력대화

내 아이를 살리는 비폭력대화

초판 1쇄   2025년 6월 24일

지은이   수라 하트·빅토리아 킨들 호드슨
옮긴이   정채현

펴낸이   캐서린 한
펴낸곳   한국NVC출판사
편집장   김일수
마케팅   권순민·고원열·구름산책
디자인   책은우주다

인쇄   천광인쇄사
용지   페이퍼프라이스

출판등록   제312-2008-000011호
주소   서울시 종로구 자하문로17길 12-9 2층
전화   02-3142-5586 팩스 02-325-5587

홈페이지   www.krnvcbooks.com 인스타그램 kr_nvc_book
블로그   blog.naver.com/krnvcbook 유튜브 youtube.com/@nvc
페이스북   facebook.com/krnvc
이메일   book@krnvc.org

ISBN   979-11-85121-62-8   03370

- 값은 뒤표지에 있습니다.
- 잘못 만들어진 책은 구입하신 서점에서 교환해 드립니다.
- 이 책은 NVC출판사에서 2021년 출간한 『부모와 자녀 사이』의 개정판입니다.

Respectful Parents Respectful Kids

내 아이를 살리는 비폭력대화

갈등을 협력으로 바꾸는 7개의 열쇠

수라 하트·빅토리아 킨들 호드슨 지음
정채현 옮김

한국NVC출판사

이 책에 보낸 찬사

"이 특별한 책은 부모와 자녀 사이에 진정한 서로존중을 기르는 일에서 내가 찾아낸 '가장 깊이 있는 탐구서'다. 이 책에서 제시하는 7개의 열쇠는 가족이 경험하는 어려움을 해결하고, 종종 닫히곤 하는 문을 열어가면서, 서로 진정으로 누릴 수 있는 자유를 모든 사람들에게 주는, 구체적이고 잘 정리된 연습과 실용적인 전략을 제공한다."

― 스티븐 코비 Stephen Covey, 『성공하는 사람들의 7가지 습관』 저자

"많은 부모들이 벌주기를 포기하지 않을 것이다. 왜냐하면 그들은 벌주기의 유일한 대안은 방임이라고 생각하기 때문이다. 다른 부모들은 방임의 장기적인 위험성을 이해하지는 못해도 벌주기를 원치 않는 건 확실하다. 이 매혹적인 책은 부모들이 벌을 주지도 그렇다고 방임하지도 않는, 존중하는 부모 역할이라는 도구를 가지고 어떻게 자녀들을 위해 최상의 결과를 얻을 수 있는지 보여준다."

― 제인 넬슨 Jane Nelson, 교육학 박사,
The Positive Discipline Series 공동 저자, 결혼 및 가족 치료사, 아동 상담사

"간디는 우리에게 '세상이 변화하는 걸 보고 싶다면 당신 자신이 그 변화가 되어야 한다'고 조언했다. 이 책은 간단하면서 삶을 변화시키는 연습을 통해 이 오래된 지혜를 최신 것으로 만든다. 자기 자신을 알라. 목적을 가지고 존중하는 마음으로 명확하게 비폭력적으로 소통하라. 그게 바로 당신 아이들이 당신을 대할 방식이다. 이 놀라운 책은 그 방식을 당신에게 보여준다."

– 마이클 멘디사Michael Mendizza, Touch the Future, the Nurturing Project 설립자

"수십 년을 가르치고 대가족을 키워낸 나는 하트와 호드슨이 옳다고 분명히 말할 수 있다. 이것은 실용적이고 풍성하고 힘이 되어주며 사랑이 깃든 책이다. 부모들에게 큰 도움이 될 것이다."

– 넬 나딩스Nel Noddings, 교육철학자,
Educating Moral People, Starting at Home: Caring and Social Policy 저자

"신선하고 통찰력 있고 유익한 이 책은 부모도 아이도 만족하지 못하는, 시대에 뒤떨어진 부모 역할 패러다임에 대안을 제시한다. 우리는 이 대안을 오랫동안 기다려왔다. 이 책은 부모들이 자기에게 가장 중요한 것에 집중하고, 자기 아이들과 더 깊고 의미 있는 관계를 만들도록 도와준다. 이것은 『아이의 감정이 우선입니다』 이후 부모가 읽을 가장 좋은 책이다."

– 브렌다 하라리Brenda Harari, HEART in Education 설립자

"명료하고 실용적이며 재미있고 놀랍도록 통찰력 있는 이 책은 부모와 자녀 관계에 관한 새로운 매뉴얼이 될 것이다. 7개의 열쇠는 우리 아이들과 함께 더 즐겁고, 협력하며, 사랑이 깃든 상호작용을 만들어 내게 해주는 실용적인 도구다. 의심할 나위 없이 반드시 읽어야 할 가이드!"

– 레사 스타인델 브라운Resa Steindel Brown, 교육자, The Call to Brilliance 저자

"나는 31년 동안 이혼 변호사와 중재자로서 실제로 갈등을 해결해왔다. 이 책은 내 의뢰인들에게 확신을 가지고 줄 수 있는 첫 번째 부모 역할 책이다. 가족의 고통과 위기에서 구원받고자 하는 그들의 치유를 이 책이 도와줄 것이다."

– 스티븐 앨런 스미스Steven Allen Smith, 중재자, 이혼 변호사

"이 세상 모든 부모를 위한 강력하고 실용적인 안내서다. 가족 안에서 더 많은 협력과 서로존중, 신뢰, 조화를 갈망하는 당신에게, 이 책은 그런 전환을 지금 바로 시작하는 데 도움이 될 구체적이고 유용한 도구들을 제공한다."

– 리사 리프락Lisa Lifrak, 결혼 및 가족 치료사

"우리가 14년 전 처음으로 부모가 되었을 때 이 책에서 배운 도구를 가지고 있었다면 얼마나 좋았을까. 이 책은 부모들이 늘 되고 싶어 했

던 그런 부모가 될 자신감과 언어와 기술을 줄 수 있다 – 이해, 연민, 존중, 그리고 재미를."

– 칼라 아디비Carla Adivi, 부모, 중학교 교사

"더 깊은 연민과 연결을 만들어낼 수 있는 귀중한 도구를 부모들에게 제공하는 이 책은 전 세계에 있는 내 개인 고객들에게 내가 제공하는 비폭력대화에 귀중한 추가 자료가 될 것이다."

– 수잔 앨런Susan Allan, 미국의 저명한 결혼 및 이혼 코치, 공인 중재자

우리 곁에서
정직함과 호기심, 연약함과 용기, 진정성을 가지고
활기 있게 사는 법을 보여주는
아이들에게 이 책을 바칩니다.

특히 브라이언, 카이라, 마리카에게.

차례

표와 가족 활동 목록	12
이 책을 왜 썼나	13
이 책에 도움 주신 분들	16
마셜 로젠버그의 서문	18
들어가기	21

PART 1

존중과 협력을 위한 토대 — 29

1장	존중과 협력	31
2장	자기존중	49
3장	무엇이 '협력'에서 '함께'를 놓치게 하는가?	64

PART 2

협력을 위한 7개 열쇠 — 79

열쇠 1	목적을 가진 부모	81
열쇠 2	모든 행동 뒤에 있는 욕구를 보자	103
열쇠 3	안전, 신뢰, 소속감을 만들어내자	122
열쇠 4	주는 것을 북돋우자	140

열쇠 5	존중하는 말을 하자	153
열쇠 6	살아가면서 함께 배우자	178
열쇠 7	집을 노폴트 존으로 만들자	192

가족 활동과 노폴트 존에서 온 이야기들   207

1장	가족 활동		209
	주제	기린 문화와 자칼 문화	209
	주제	가족 모임	214
	주제	삶을 풍요롭게 하는 연습	233
	주제	평화로운 갈등 해결	264
	주제	기린과 자칼 놀이	273
2장	노폴트 존에서 온 이야기들		279

참고 문헌	306
권장 도서	308
비폭력대화 프로세스	310
우리 모두가 가지고 있는 근본 느낌들·근본 욕구들의 예	311

표와 가족 활동 목록

표 목록

대화 흐름도	158	기린 표현하기	160
기린 듣기/공감	161	욕구 목록	166
느낌말 목록	167	기린 자기 공감	173

가족 활동 목록

주제: 기린 문화와 자칼 문화 209
기린 말과 자칼 말 소개

주제: 가족 모임 214
합의 사항 함께 만들기
가족 공감 체크인
욕구 목록
욕구 보물 상자
느낌 책
선물 체인

사명 선언문 만들기
관찰인가, 평가인가?
욕구 만다라 Mandala
행운의 과자
느낌 나뭇잎

주제: 삶을 풍요롭게 하는 연습 233
감사 표현하기
재충전
자기 욕구 가늠해보기(부모용)
기린 감사 노트
판단 번역하기
분노 온도계

스트레스 해소
내면 보살피는 시간 가지기
자기 욕구 가늠해보기(자녀용)
기린 일기
분노 변형시키기
매일 보는 리마인더

주제: 평화로운 갈등 해결 264
소개
두 가지 공연
기린 중재

멈춰!
내 갈등 해결하기

주제: 기린과 자칼 놀이 273
기린 귀와 자칼 귀

느낌 카드와 욕구 카드

이 책을 왜 썼나

2003년에 우리는 『연민의 교실: 관계에 바탕을 둔 가르침과 배움The Compassionate Classroom: Relationship Based Teaching and Learning』(이하 『연민의 교실』)이라는 책을 썼습니다. 그 책을 쓴 목적은 마셜 로젠버그Marshall B. Rosenberg 박사가 개발했으며 비폭력대화Nonviolent Communication, 줄여서 NVC라고 알려진, '노폴트no-fault¹' 대화 방식을 교사들과 나누려는 것이었습니다. 『연민의 교실』을 쓰게 된 것은 우리가 교사로 일할 때 이런 지침을 담은 책이 있었으면 하고 바랐기 때문입니다. 그 당시 우리는 학생들과 협력하는 공부 환경을 만들기 위한 효과적인 방법을 찾고 있었고, 틀림없이 어떻게든 가능할 거라고 믿었습니다. 우리는 세계 여러 지역 교사들에게서 그 책 덕분에 자기 교실을 관계에 바탕을 둔 학습 환경으로 만들 수

---

1 no-fault라는 영어 단어를 찾아보면, '흠잡지 않다' 또는 '나무라지 않다'라고 되어 있습니다. 이 책에서 저자들은 집을 '노폴트 존No-Fault Zone'으로 만들자고 합니다. 자녀가 한 어떤 행동을 잘못했다고 비난하거나 비판하거나 더 나아가 벌주려고 하지 말자는 뜻입니다. 그러는 대신 그 행동 뒤에 있는 아이의 느낌과 욕구를 추측해서 알아주고 공감으로 듣자는 말입니다. 부모 또한 느낌과 욕구로 자신을 표현합니다. 이 말은 이 책을 관통하는 핵심 개념이기도 하고 저자들에게 아주 중요한 단어이기도 해서, 굳이 우리말로 바꾸지 않고 그대로 사용하기로 하였습니다. - 옮긴이

있었다는 말을 듣고 있어서 매우 기쁩니다.

지금 우리는 다시 한 번 NVC를 나누기 위해 함께 책을 쓰려고 하는데, 이번에는 부모님들과 나누고 싶습니다. 우리는 가르치는 일보다 부모 역할을 더 오래 해왔고, 그래서 이 책에서 논의하고 쓰는 주제들이 더 깊이 심금을 울리고 우리가 젊은 부모였을 때 겪었던 수많은 기억들을 불러일으킵니다. 이 책에서 다루는 부모 역할의 핵심 주제는 우리 아이들이 어렸을 때인 1970년대에 우리가 경험했다고 기억하는 것과 거의 비슷합니다. 하지만 지난 25년간 문화가 많이 달라졌고, 그런 변화가 부모 역할을 이전 그 어느 때보다 더 복잡하고 힘들게 만들고 있다는 점도 잘 알고 있습니다.

우리가 막 부모가 되었을 때를 돌이켜보면, 아이들이 태어난 처음 몇 해 동안 집에서 아이들과 함께 지낼 수 있었던 것을 고맙게 여깁니다. 1960년대와 1970년대에는 한 사람 급여만으로 지금보다는 쉽게 중산층 가정을 꾸려갈 수 있었습니다. 그리고 부모 역할이 '진짜 일'이라는 생각은 전혀 하지 않던 때였으므로, 중산층 가정 어머니가 집에서 아이를 돌보는 일이 대부분의 사람들에게 받아들여졌습니다. 오늘날 산업화한 몇몇 나라에서는 아이가 세 살이 될 때까지 어머니가 집에서 아이를 키울 수 있도록 지원하기도 합니다. 그러나 여기 미국에서는 그런 선택을 지원해주는 정부도 없을뿐더러, 중산층 가족의 표준 생활수준을 유지하기 위한 평균 생활비를 벌려면 부모가 모두 일을 해야 합니다.

경제 스트레스와 더불어, 오늘날 가족은 점점 빨라지는 생활 속도와 인터넷, 이메일, 문자 메시지, 휴대전화 같은 고속화된 기술로 전달되는 정보 홍수 때문에 스트레스를 느끼고 있습니다. 우리는 예전보다 훨씬 더 많은 일을 훨씬 더 빨리 할 수 있습니다. 그래서 되도록 많이 하고 많이 얻기 위해 한꺼번에 여러 가지 일을 미친 듯이 처리하기도 합니다. 과학기술 발달로 우리는 한층 더 자유로워져서, 더 많은 시간을 가족과 함께 보내고 취미 생활을 하며 휴식을 취할 수 있게 되었습니다. 그 대신에 성취할 수 있는 것에 대한 새로운 기준과 슈퍼 회사, 슈퍼 고용인, 슈퍼 부모, 슈퍼 자녀들에 대한 기대치는 한층 높아졌습니다. 사람들의 감정 반응 속도도 빨라져서, 조금만 결함이 있거나 지연되거나 우회해도 폭발하곤 합니다. 정신 과부하에 정서 과부하까지 더해져서, 우리는 에너지가 고갈되고 지치고 짜증을 냅니다.

앞에서 말한 '나쁜 소식들'에 대응하기 위해, 우리는 사람과 사람 사이에 서로 존중하는 마음으로 대화하기 위한 입증된 접근법을 이 책에서 소개합니다. 이것은 각 가정에서 저마다 자기 욕구를 표현하고 충족하기 위해, 그리고 갈등을 협력으로 바꾸기 위해 많이 사용하고 있는 방법입니다. 이 책을 쓰면서 우리가 바라는 것은, 여러분이 가장 중요하게 여기는 가치에 바탕을 두고 어떻게 부모 역할을 할지 스스로 선택하도록 돕는 것입니다. 아울러 자녀에게 가장 해 주고 싶은 것을 선택할 수 있게 여러분을 지원하는 것입니다.

이 책에 도움 주신 분들

이 책에 기여하신 많은 동료와 선생님들의 수고에 깊은 감사를 드리고 싶습니다.

책임 편집자인 키라 프리스타와 스탠 호드슨은 밤낮으로 원고를 읽고 다듬으며 이 원고에 연속성을 부여해주었습니다.

삽화가 마티 멜린은 천 마디 말을 그림 하나로 표현할 수 있는 능력을 가지고 있을 뿐 아니라 이 프로젝트를 이해하고 지지해주었습니다.

퍼들댄서 출판사의 메이지 스튜어트와 닐 깁슨은 부모 역할에 관한 책을 출판하고 싶다는 비전을 여러 해 동안 품고 있다가 이 기회가 실현되도록 만들었습니다. 우리는 일상 업무에서도 기꺼이 NVC로 살고자 하는 그들의 의지와 능력에 존경과 감사를 보냅니다. 우리는 또한 유연함과 여유, 그리고 변함없는 지지를 보여준 퍼들댄서 팀원 티파니 마이어와 섀년 보디에게도 감사하고 싶습니다.

부모님들. 여러 해 동안 우리와 함께 공부하며 자문해주셨고, 우리에게 이 책을 쓰라고 용기를 불어넣어주신 최초의 분들입니다.

마셜 로젠버그. 이 책의 핵심인 비폭력대화 프로세스를 만들고 나누어주었습니다.

J. 크리슈나무르티. 그의 강연과 책들은 1986년, 캘리포니아 오하이에 있는 크리슈나무르티 학교로 우리를 함께 불러들였습니다. 그와 나눈 이야기들은 생각, 두려움, 인간의 행동 동기 같은 개념을 새로이 깊게 이해하도록 우리를 이끌어주었고, 비폭력대화를 이해하고 받아들일 수 있는 길을 열어주었습니다.

마셜 로젠버그의 서문

내가 아이를 기르던 시절에서 꽤 오랜 세월이 흘렀지만, 세계 곳곳에서 열리는 내 워크숍에서는 아직도 거의 매일 부모님들이 부모 역할을 하며 겪는 고통과 도전을 내게 표현하고 있습니다. 그 도전은 내게는 확실히 친숙한 것들입니다. 그러나 오늘날 과도한 일정을 소화하라는 요구와 외부 세계에서 오는 영향은 이전 그 어느 때보다 마음의 평온을 잃게 합니다. 매일같이 수많은 폭력과 불신을 담은 메시지가 우리 아이들에게 전해집니다. 게다가, 우리가 무엇을 소중히 여기는가보다는 무엇을 가지고 있는가에 따라 우리를 정의하려는 너무도 엄청난 압박이 있어서, 혼란한 부모들은 비명을 지르며 도움과 지원을 바라고 있습니다. 이제 그들의 요구에 우리가 대답을 할 때입니다.

이 책의 저자들은 매우 중요한 시기에, 다시 말해, 어쩌면 우리 사회의 미래와 우리 지구의 안녕에 가족이라는 토대가 그 어느 때보다 중요한 시기에 이 요구에 대한 설득력 있는 답을 들고 왔습니다. 이 책에서 보여주는 비폭력대화는 부모들이 집에서, 공동체에서, 그리고 더 큰 세상에서 변화를 일으킬 수 있는 힘을 갖고 있습니다. 저자들은 이렇게 말합니다. "여러분이 부모 역할을 하는 방식이 여러분의 자녀뿐 아니라 미래에 그들과 함께할 수백 수천 사람들의 삶에도 영향을 미칠 겁니다. 서로기댐interdependence이라는 이 연결망에 당신이 영향을 줄지 안 줄지는 선택할 수 없습니다. 그러나 그것에 어떻게 영향을 줄지는 선택할 수 있습니다." 나는 이 말에 동의합니다.

저자인 수라 하트와 빅토리아 킨들 호드슨은 임시방편과 훈육 중심의 육아법을 넘어 부모-자녀 관계의 질을 향상시켜주는 소통과 관계 기술의 토대를 제시합니다. 이 책은 부모들이 자녀의 성장 발달에 기여하고자 하는 자신의 바람과는 어울리지 않는, 습관화된 대화 패턴을 완전히 바꾸는 일에 능숙해지도록 도움을 줄 겁니다. 그리고 꼭 필요한 이런 기술을 연습함으로써, 부모들은 자녀가 지닌 잠재력을 스스로 최대한 발휘할 수 있도록 지원하는 정서적으로 안전한 환경을 만들어줄 수 있습니다.

우리는 모두가 서로 연결되어 있다는 감각과, 공동체와 지원에 대한 욕구를 가지고 이 세상에 태어납니다. 우리는 이 세상에 올 때 연민compassion이라는 감각도 가지고 옵니다. 그러나 집이나 학교, 그리고 조직에서 우리 욕구가 존중받지 못할 때 우리는 다른 경험을 하게 됩니다. 즉, 이런 자연스러운 상태를 훼손하고, 강요나 강제나 그 밖의 폭력적인 행동 같은 '지배하는 힘power-over' 전술을 통해서 욕구를 충족하는 쪽으로 돌아서는 것이지요. 더 나쁜 것은, 우리 욕구는 어느 것이라도 중요하다는 점을 우리가 잊어버린다는 것입니다.

이 책은 아이의 행동을 이해하고 그에 대해 의식을 가지고 답하는 새로운 방식을 보여줍니다. 이 책에 제시된 도구를 사용함으로써, 여러분은 자녀와 함께 신뢰라는 토대를 쌓을 수 있습니다. 신뢰가 무럭무럭 자라나는, 다시 말해 자기 욕구가 존중받는 가정환경의 지원을 받으며 자라는 아이는 건강하고 생산적인 삶을 훨씬 더 잘 영위할 수 있습니다. 이 신뢰라는 토대가 강한 자존감의 출발점이고, 서로존중과 사랑이 깃든 연결의 기초입니다. 이것이 바로 어느 곳에서든 부모가 자녀와 함께 바라는 것이겠지요.

매우 실제적이고 대단히 중요한 이 책에서 여러분은 아이를 세상에 안심하고 내보내는 데 필요한 도구와 기술을 배울 수 있습니다. 아이의 미래가 어떻게 예정되어 있든 관계없이, 당신은 아이를 다른 사람들의 감정을 읽고 자기감정을 표현할 줄 아는 사람으로, 다른 사람들과 서로 연결되어 있음을 의식하며 살아가는 사람으로 세상에 내보낼 수 있습니다. 신뢰가 무럭무럭 자라나는 집, 모든 욕구가 존중받는 집을 만들어냄으로써, 여러분은 자녀가 자신의 잠재력을 발견할 수 있는 힘, 그리고 자기 가족의 미래에, 자기가 속한 공동체에, 우리 행성에 평생토록 기여하며 살아갈 수 있는 힘을 불어넣어줄 것입니다.

이 책을 읽는 것으로만 그치지 말고 실제 삶에 적용해 보십시오. 그리고 배우자와 친구들, 그리고 자녀들과 나누길 바랍니다. 그러면 한 번에 한 부모와 한 가정씩, 우리는 모든 욕구가 평화롭게 충족되는 세상을 창조할 수 있습니다.

들어가기

부모 역할은 인류가 지금까지 해오던 일 가운데 가장 중요하고 가장 보람 있고 가장 까다로운 일이라고 확신하면서 이 책을 세상에 내놓습니다. 이 책에서는 부모와 자녀 사이에 서로존중과 협력을 만들어 내는 데 역점을 두고, 그렇게 하려면 부모 역할에 구체적으로 어떤 능력이 필요한지 보여주고 북돋아줄 7개의 열쇠를 소개합니다. 이런 능력에는 마음속에 뚜렷하게 목적의식을 가지고 부모 역할을 하는 것, 행동 자체가 아니라 그렇게 행동하게 만드는 욕구를 보는 것, 그리고 자기 목적과 의도를 충족시키는 구조와 실천을 적극적으로 선택하는 것이 포함됩니다.

우리는 지금보다 젊었던 우리 자신을 지금도 생생하게 기억합니다. 이제 막 엄마가 되었던 20대, 초등학생의 엄마였던 30대, 그리고 고등학생의 엄마였던 40대. 그 기간 내내 우리가 원했던 것은 우리의 부모 역할에 대한 더 많은 이해와 명료함, 그리고 지원이었습니다. 그때 우리는 사회에 만연한 부모 역할 개념을 거스르는 경험을 하고 있었습니다. 우리는 우리 아이와 서로 영향을 주고받으며, 아이들에게

감탄하고, 아이들에게서 배우기를 원했는데, 바로 그 우리 아이들 안에서 인테그리티^{integrity}[2]와 온전함^{wholeness}을 보고 있었습니다. 우리는 우리 아이들과 함께 성장하고, 함께 배우며, 그들과 서로 영향을 주고받는 가운데 세상을 더 깊이 이해할 수 있는 가능성들을 보았습니다. 1970년대와 1980년대 당시 부모를 위한 지원은 대부분이 아이 행동을 관리함으로써 갈등을 줄이는 방식을 북돋는 것이었습니다. 가족 갈등을 줄이고 아이와 함께 누리는 방법에 초점을 두기보다는 말이지요.

이렇게 행동 관리로 접근하는 부모 역할 방식은 오늘날에도 사라지지 않고 계속되고 있습니다. 죄책감과 수치심을 심어주고, 칭찬하고, 벌주겠다며 두려워하게 만들고 상을 주겠다고 약속하면서, 시키는 대로 하는 아이로 만들도록 부모를 안내하는 수많은 책과 기사가 해마다 쏟아져 나오고 있습니다. 최근 몇십 년 동안 그런 접근법이 조금 수그러들긴 했습니다. 요즘 들어 사용되고 있는 말들, 이를테면 "당연한 결과"라든가 "타임아웃", "긍정적인 포상" 같은 말들은 조금 더 친근하게 들리긴 하지만, 그래도 최종 목표는 결국 같습니다. 아이 행동을 통제하려는 것이지요.

우리가 알고 있는 부모들 대부분은 이런 관리 접근법 가운데 적어

---

[2] integrity는 우리말로 옮기기 어려운 말입니다. 진실함, 고결함, 정직, 청렴 등의 의미를 두루 포함하고 있다고 생각합니다. 인품이라고 하시는 분도 계십니다. 제가 생각하는 인테그리티는, '높은 도덕성을 바탕으로 언행이 일치하고 진실하며 고결한 품격'입니다. 이 책에서는 '인테그 리티'로 씁니다. - 옮긴이

도 두세 가지씩은 시도해보았지만 별로 만족하지 못했습니다. 비록 묘책과 방법이 때로 부모들이 원하는 행동을 얻게 해주기도 하고 갈등을 줄여주기도 하지만, 얻는 것은 언제나 잠깐이고 늘 많은 비용을 치르곤 합니다. 부모들이 이렇게 야단치고 결과를 강요하고 보상으로 동기를 부여하는 것으로 자녀 행동을 관리할수록 힘겨루기와 소리지르기, 문 쾅 닫고 나가기, 싸늘하게 노려보기, 눈물 흘리기 등을 경험하는 일이 더 많아집니다. 많은 부모님들이 이런 행동 관리 접근법은 자기의 부모 역할 본성에 어긋나고, 가슴에서 우러나서 그리고 선한 의도로 아이들과 연결하고자 하는 바람을 가로막기 때문에 그대로 행하기가 어렵다고 우리에게 말합니다.

자녀는 부모가 살아가는 모습을 보며 배운다

이 책에서는 관리형 부모 역할을 대신할 참신한 대안을 제시합니다. 좋은 소식은, 갈등을 끝내기 위해 아이 행동을 변화시킬 방법을 찾아야 할 필요가 없으며 무언가를 '관리할' 필요도 없다는 것입니다. 우리가 지지하는 부모 역할은 여러 면에서 그보다 더 간단하고 더 본성에 가깝습니다. 그것은 또 자녀와 부모의 욕구를 충족시키는 데 단기간에도 효과가 있지만, 길게 볼 때 특히 더 효과가 있습니다. 그것은 여러분과 아이들이 가장 잘 연결된 순간에 경험하는 좋은 느낌에 바탕을 두고 있으며, 여러분이 정말로 변화시킬 수 있는 행동은 오직 여러분 자신의 행동뿐이라는 것에 초점을 두고 있습니다. 이것이 지닌 아름다움은, 여러분이 스스로 행동을 바꿀 때 아이 행동도 바뀔 거라는 점입니다.

흔히들 부모가 할 일은 문화의 가치를 가르치고 실천하게 하는 것이라고 믿습니다. 이를 위해 우리는 버릇처럼 설교하고, 충고하고, 강요하고, 행동을 바로잡아주려고 합니다. 이런 교사형 부모는 불행하게도 자신은 좌절하고 아이는 짜증나게 하며 주위에 온통 갈등을 만들어냅니다. 여러분이 아이에게 문화 가치를 가르치려고 최선을 다하고 있는 바로 그 시간에 아이는 자기 목적의식과 자기 존중 의식을 키워가기 위해 최선을 다하고 있습니다. 너무나도 자주 아이는 여러분과 여러분이 하는 충고에 귀를 닫아버리는 법을 배웁니다. 아이는 자기가 여러분 기대에 얼마나 미치지 못하는지를 일깨워주는 또 다른 설교나 훈계, 최후통첩 같은 것을 듣게 될 일은 뭐든 입 밖에 꺼내지 않습니다.

물론 여러분은 부모로서 아이에게 영향을 끼치고 싶어 합니다. 가치를 물려주고 싶고, 아이가 행복하고 성공한 삶을 살아가는 데 도움이 되도록 안내해주고 싶습니다. 여기서, 어떻게 하면 아이에게 가장 좋은 영향을 줄 수 있을까, 하는 질문이 떠오릅니다. 설교하고 잘못을 꾸짖는 것이 도움이 될까요? 아니면 여러분의 가치를 공유하고 스스로 그 가치대로 살아가는 모습을 보여주는 것이 도움이 될까요?

행동이 말보다 중요하다는 것은 모두가 압니다. 실제로 연구 결과에 따르면, 일생 동안 교육에서 배우는 것은 단 5퍼센트뿐이고, 우리가 기억하는 것의 95퍼센트는 가족 및 사회와 서로 영향을 주고받는 데서 온다고 합니다.[3] 어떤 수준에서는 여러분의 말보다 행동에서 아이가 더 많이 배운다는 것을 여러분도 알고 있을 겁니다. 형제끼리 주고받는 말 속에서 여러분이 했던 말이 들려올지도 모르지요. 어쩌면 여러분이 아이에게 사용하는 것과 똑같은 논법으로 아이가 말하는 것을 들을 수도 있습니다.

여러분이 부모님에게 무엇을 배웠는지 잠깐 생각해보세요. 그분들이 하신 말씀에서 배운 것이 대부분인가요? 아니, 그중 절반이라도 귀담아 들었나요? 아니면 그분들의 행동과 살아가는 모습을 보고 배웠나요? 많은 부모들이 우리에게 이런 말을 들려줍니다. 자기가 부모님과 겪었던 고통스러운 경험을 자기 아이와는 하고 싶지 않았다고요. 그분들의 모델링이 긍정적이든 부정적이든, 여러분 부모님의 행동은 여러분이 지금 부모 노릇을 하는 방식과 살아가고 있는 삶에 주된 동기를 부여하는 힘입니다.

아이는 부모가 정직하고 스스로 가치 있게 여기는 것에 헌신하기를 바랍니다. 부모는 자기 자녀가 배워서 그대로 살아가기를 원하는 본보기와 모델이 될 가능성을 가지고 있습니다. 이것은 초대장이자 기회고, 많은 이에게 그것은 자기 삶의 목적과 의미를 분명히 하고 그것들과 조화를 이루면서 최선을 다해 살아가게 하는 강력한 동기입

---

[3] Mendizza and Pearce, *Magical Parent, Magical Child*

니다.

자신에게 중요하고 진실한 것을 분명하게 알고 진정으로 사는 것이 목표입니다. 완벽함이 목표가 아니고요. 완벽한 부모가 되려는 이상을 포기하면 편안하게 마음먹을 수 있습니다. 완벽하려는 마음을 그렇게 던져버리면, 혹시 자신의 가치관에 맞지 않는 일을 하더라도 자기 비난이라는 소용돌이 속으로 빠져들지 않으면서 아이에게 정직할 수 있는 기회를 누릴 수 있을 겁니다. 또 아이가 정직이란 어떤 모습이고 어떤 소리인지 배우게 할 수도 있을 겁니다. 그리고 여러분이 스스로에 대해 완벽함을 기대하지 않고 있으니, 자녀들에게도 그것을 덜 기대하겠지요.

사랑이 깃든 집을 만들어내는 능력을 키우자

집은 자녀들이 인간 삶의 가장 근본이 되는 가르침, 즉 자기 욕구를 돌보는 방법과 다른 사람 욕구를 돌보는 데 기여하는 방법을 배우는 곳입니다. 집은 아이가 배우자로서, 삶의 동반자로서, 어머니로서, 아버지로서, 이모나 숙모 또는 삼촌으로서, 할머니로서, 할아버지로서, 좋은 친구로서, 공동체 구성원으로서, 동업자로서, 그리고 이 행성의 승무원으로서 앞으로 맺게 될 관계의 토대입니다. 집은 또 아이를 보호해줄 성소이므로, 아이는 그곳에서 자기만의 발전 속도에 맞춰서, 그리고 여러분의 지지와 지도와 존중을 받으면서 돌봄과 기여라는 가르침을 배울 수 있습니다.

사랑이 깃든 집에는 두려움이 없습니다. 두려움은 모든 갈등의 근원입니다. 이곳은 아이가 자기 욕구는 중요하다는 것 그리고 (자기 욕구도 포함해서) 모든 사람의 욕구는 배려되고 돌보아질 거라고 믿으며 자라는 곳입니다. 그럴 때 아이는 자기를 급박하게 몰아대는 삶 속에서도 느긋하게 쉴 수 있으며, 한 가족, 한 공동체, 한 국가, 한 세계를 형성하는 주고받음의 그물 속에서 자신의 장소를 발견합니다.

이 책은 근본적으로 부모-자녀 관계에 관한 책입니다. 서로존중과 협력을 키워가는 데 필요한 프로세스와 제안은 모든 연령층 아이들에게 적용되며, 성인 가족과 소통하는 데에도 매우 효과가 있습니다. 이 책을 이루는 세 부분은 각각 서로 존중하고 사랑이 깃든 집을 만들어내기 위한 부모의 능력을 키우는 데 도움이 될 겁니다.

1부 • 존중과 협력을 위한 토대

1부의 세 장은 부모들이 스스로 가장 원한다고 말하는 두 가지를 연결하는 밑바탕 힘에 초점을 두었습니다. 바로 존중과 협력입니다.

2부 • 협력으로 가는 7개 열쇠

2부를 구성하고 있는 7개 열쇠는 부모가 집을 '노폴트 존$^{No-Fault\ Zone}$'으로 만들 수 있는 능력을 점차 키워가게 해줍니다. 노폴트 존이란, 비난이나 보상이나 처벌 없이 모든 가족의 욕구가 똑같이 소중하게 여겨지고 모두가 자기 욕구를 충족하기 위해 행동하는 곳입니다.

3부 • 가족 활동 그리고 노폴트 존에서 온 이야기들

3부에서는 다양한 게임과 활동, 그리고 재미와 더 깊이 있는 탐구는 물론이고 새로운 기술을 개발하는 데 도움이 될 것들을 제공합니다. 이 책에 소개된 프로세스를 사용하는 부모들이 전하는 감동 실화는 3부 마지막, '노폴트 존에서 온 이야기들'에 실려 있습니다.(이 책에 실린 모든 이야기에서는 가명을 사용했습니다.)

비폭력대화에 대하여

비폭력대화Nonviolent Communication(NVC)는 이 책의 토대가 되는 요소인데, 여기에서는 더 깊은 목표인 마음과 가슴의 어떤 상태에 이르기 위한 수단이나 매개체로 소개되었습니다. 열쇠 5에서 비폭력대화의 언어 요소들을 자세하게 다루고 있지만, 이 책에서는 그런 언어 기법보다는 존중하는 부모 역할이라는 내면의 태도에 더 중점을 두고 있습니다. 비폭력대화를 연습하면 내면 갈등과 외부 갈등의 원천인 이분법적 사고와 상대를 적으로 보는 생각, 그리고 두려움에서 비롯한 생각이 모든 행동의 핵심에 있는, 삶을 풍요롭게 하는 인간적 욕구에 대한 존중과 애정 어린 알아차림으로 바뀝니다.

Part 1

존중과 협력을 위한 토대

1부의 세 장은 부모들이 스스로 가장 원한다고 말하는 두 가지를 연결하는 밑바탕 힘에 초점을 두었습니다. 바로 존중과 협력입니다.

1장 ― **존중과 협력: 부모가 원하는 것과 그것을 얻는 방법** 이 장은 양방향 통행로인 협력을 확립하고, 자녀를 지배하는 힘을 쓰는 것과 자녀와 함께하는 힘을 쓰는 것이 기능 면에서 어떤 차이가 있는지를 보여줍니다.

2장 ― **자기 존중: 부모도 욕구를 가지고 있다** 이 장은 부모가 자기에게 분명히 있는 욕구를 돌보는 것이 얼마나 중요한가를 강조합니다.

3장 ― **무엇이 '협력'에서 '함께'를 놓치게 하는가?** 이 장은 협력을 해치는 생각과 표현 습관을 보여줍니다.

1장

존중과 협력

부모가 원하는 것과 그것을 얻는 방법

부모들이 자녀에게 바라는 것이라며 자주 꼽는 것이 바로 존중respect과 협력co-operation입니다. 여러분은 어쩌면 말싸움 중에 규칙적으로 "난 정말 이 아이들에게서 존중과 협력을 더 많이 얻고 싶어!"라고 말하며 울려대는 자동 음성 경보기를 가진 많은 부모들 가운데 한 사람일지도 모르겠습니다. 어쩌면 여러분은 세상에서 무엇이 자신이 바라는 존중과 협력을 얻지 못하게 막고 있는지 알고 싶어 하는 많은 부모 가운데 한 사람일지 모릅니다. 어쨌든 그게 다 내 아이를 위해서 하는 일인데, 이렇게 간단한 것조차 요구하지 못한단 말인가? 그렇기도 하고, 아니기도 합니다. 존중과 협력은 간단합니다. 그것들은 누구나 가지

> 단 한 세대라도 존중받으며 폭력을 경험하지 않고 키워진다면 무슨 일이 일어날까?
> ▶글로리아 스타이넘 Gloria Steinem

고 있는 근본 욕구이기 때문입니다. 그런데 그것을 얻을 조건을 갖추려면 여러분이 생각하는 것보다 더 많은 주의를 기울일 필요가 있습니다.

우리는 여러분이 다음 몇 가지를 해볼 마음이 있다면 서로 존중하고 협력하는 흐름에 다가갈 수 있다는 것을 알게 되었습니다.

- 자녀는 부모가 살아가는 모습을 보며 배운다는 점을 기억하기
- 자녀와 협력하기
- 부모 욕구와 자녀 욕구를 똑같이 소중히 여기기
- 아이들에 대한 나의 추측을 살펴보기
- 존중하는 부모 역할의 핵심인 7개 열쇠를 발전시키고 실천하기

부모가 존중과 협력에 대해 많은 이야기를 하지만, 우리는 그 용어들을 둘러싼 혼란이 널리 퍼져 있다는 것을 압니다. 물어보면, 부모들은 그 말을 어떤 뜻으로 썼는지 자기도 잘 모릅니다. 심지어는 말이 뜻하는 바가 그때그때 다 다를 수도 있습니다. 설상가상으로, 부모들이 존중과 협력을 얻으려는 방식이 종종 역효과를 낳기도 하는데, 그것은 자녀에게 존중도 협력도 보여주지 못했기 때문입니다. 적어도 이 책에서 그 말들을 쓰는 방식으로는 말이지요.

협력은 양방향 통행로다

많은 부모가 협력을 아이와 함께 작업하는 양방향 관계라고 생각하기보다는, 부모가 원하는 대로 자녀가 행동하는 일방통행로라고 생각한다는 것이 밝혀졌습니다. 부모가 기대하는 대로 하지 않는 자녀는 비협조적이라는 딱지가 붙고, 그때부터 상황은 쉽게 욕, 비판, 비난, 말다툼, 싸움으로 바뀝니다. 사태를 수습하려는 사후 노력은 흔히 타협이나 협상 또는 흥정에 기대게 되는데, 누구의 욕구도 충분히 충족시키지 못합니다.

여러분이 생각하는 '협력'이라는 말의 의미는 무엇인가요?

자녀에게 이렇게 말해본 적 있나요? "네 방이 난장판이구나. 시합하러 나가기 전에 치우면 좋겠다." 그때 여러분은 아이가 왜, 당장, 웃으면서, 하라는 대로 하지 않는지 궁금하지 않았나요? 당신 혼자 결정했고, 당신이 짜놓은 시간표와 기준에 아이가 맞추기를 기대했지

요. 왜냐하면, '어쨌든 난 부모니까!' 그러나 이 태도는 자녀 입장을 고려하지 않은 것입니다. 당신이 자녀의 생각과 느낌, 욕구, 그리고 방을 깨끗이 할 수 있는 해결 방법을 고려하지 않을 때, 당신은 아이의 존중과 기꺼이 하려는 마음을 잃을 위험을 무릅쓰고 그렇게 하는 겁니다. 아이가 투덜대며 저항하는 것은, 사실, 당연한 결과입니다. 아이를 포함시키지 않고 작업하는 걸 선택했으니까요.

> 우리 모두가 혼자일 때보다는 함께할 때 더 지혜로울수 있다. 우리는 그 지혜를 활용하는 법을 알아야 한다.
> ▶탐 애틀리 Tom Atlee

'협력하는 co-operative'이라는 영어 단어에서 'co-'는 '함께 together'를 뜻합니다. 함께 만든 사람 co-creator, 함께 쓴 사람 co-author, 함께 일하는 사람 co-worker에서처럼 말이지요. 'oper'는 '일하다, 작업하다 to work'를 뜻합니다. 따라서 'co-operate'는 '함께 작업하다'를 뜻합니다. 진정한 협력은 하라고 명령할 수 있는 것이 아닙니다. 문제 해결과 의사 결정을 함께하는 것뿐 아니라 한 아이 삶에 영향을 미치는 규칙을 함께 합의하는 것까지 한 집을 경영하는 데 '같이하기 togetherness'가 없다면 저항과 말다툼, 상처 입은 느낌, 기 싸움, 상벌에 기대기 같은 일이 일어나는 것은 자연스러운 결과일 겁니다. 인간관계의 근본 법칙은 이런 것입니다. 집을 운영하는 데 '함께'가 없으면 저항이 일어나는데, 이것을 힘으로 복종시키려면 상과 벌을 사용하게 되며, 이것이 다시 더 많은 저항을 불러옵니다. 집을 운영하는 데에서 '함께'를 빼놓은 부모들은 그것을 빠뜨린 결과를 거두어들일 운명에 놓이겠지요. 여러분이 자녀와 함께 작업하지 않으면, 자녀도 여러분과 함께 작업하고 싶어 하지 않을 테니까요.

한 젊은 여성이 우리에게 들려준 이야기입니다. 여성의 아버지는 방 청소를 아주 세세한 부분까지 매우 엄격하게 시키곤 했답니다. 심지어 깨끗한 카펫 가장자리까지 들어 올려서 빵 부스러기 하나라도 떨어져 있으면 벌을 주고요. 아버지가 모든 것을 자기 방식대로 하라고 강요할수록, 그 여성은 적개심과 반항심이 더 많이 차올랐고, 아버지가 무서워서, 그리고 시키는 대로 하지 않으면 무슨 일이 벌어질지 두려워서 방을 청소했습니다. 여성은 집이 순조롭게 잘 기능하는 데 기여하고 싶은 마음이 아니라 원한을 품고서 청소했던 것입니다.

아버지가 그 여성과 함께 기준을 마련했더라면 이 상황이 얼마나 달라질 수 있었을까요? 방을 청소할지 하지 않을지 결정하는 데 그 여성이 포함되었다면요.

가족생활에서 '함께'를 고려하지 않았던 상황을 떠올려보세요.

'함께'를 빼놓고 작업했을 때, 당신 행동은 어떤 결과를 낳을까요?

_____
_____

집에서 협력에 기여하기 위해 여러분이 할 수 있는 일을 한 가지 이상 적어 보세요.

_____
_____
_____
_____

협력은 생존 기술이다

협력은 부모의 목표입니다. 즉 부모가 더 많이, 더 자주 바라는 것입니다. 그것은 또한 계발해야 할 기술이기도 합니다. 이 행성에 존재하는 모든 좋은 생명을 유지하고 번성하기 위해 이 기술을 배워야 합니다. 서로가 점점 더 많이 연결되어가는 지구사회 전체에서 생존하고 번성하기 위한 인간으로서 우리 능력은 협력의 좋은 점을 점점 더 많이 배우고 실천하는 데 달려 있습니다.

인류는 만 년 이상을 치열하게 경쟁하는 방식으로 움직여오고 있습니다.[1] 부족이나 나라, 또는 개인의 이익을 위해 다른 인간 존재들에게 지배하는 힘을 행사하면서 말입니다. 인간이 아닌 다른 종들과 지구 자체는 물론이고 수백만 명이 겪는 힘의 불균형과 근본적인 욕구에 대한 무관심은 계속되는 갈등과 전쟁, 그리고 참화라는 결과를 낳았습니다. 우리 종이 작용해온 방식은 더는 지속가능하지 않으며 새로운 협력 방식, 즉 힘을 공유하는 방식이 필요하다는 걸 보여주는 경제·사회·생태 지표들이 있습니다. 부모가 가정에서 협력하려고 노력하는 것을 배우면, 그들은 자녀에게, 다른 부모에게, 그리고 공동체 구성원들에게 변화 모델이 될 겁니다. 그런 부모는 또한 지구 평화와 지속가능성을 향한 진화적 전환을 만들어내는 데에도 적극적으로 참여하겠지요.

가족 농장이나 작은 공동체에서 살아가는 사람들에게는 협력의 필요성을 다시 일깨울 필요도 없습니다. 헛간 세우기, 각자 음식을 한 가지씩 가져와서 나누어 먹기, 공동체 수확 등은 몇 백 년 동안 표준이 되어왔습니다. 그렇지만 우리 가운데 좀 더 고립된 가족 단위로 살아가는 사람들은 우리 모두가 상호연결성이라는 바탕 위를 걸어가고

---

[1] 리안 아이슬러Riane Eisler, 『성배와 칼*The Chalice and Blade*』(한국어판). 엘리자벳 사토리스Elizabet Sahtouris, 『어스댄스*Earth Dance*』. 월터 윙크Walter Wink, 『책임자들*The Powers That Be*』.

> **협력 — 지속가능성을 위한 기술**
>
> 진화생물학자 엘리자벳 사토리스에 따르면, 협력은 지속가능성을 위한 유일한 길이다. 대초원이나 열대우림 같은 성숙한 생태계는 적대적으로 경쟁할 때보다는 협력을 많이 할 때 진화한다. 매우 복잡한 열대우림 생태계는 수백 만년에 걸쳐 생존해온 성숙한 시스템을 특히 더 생생하게 보여주는 실례이다. 열대우림에서는, "모든 종이 완전히 참여하고, 모든 종이 자기 자원을 재활용하면서 모두가 협력해서 일하며, 모든 생산물과 서비스는 모든 종이 건강하게 유지될 수 있는 방식으로 분배된다. 이것이 지속가능성 sustainability이다."•
>
> • Sahtouris, Elizabet, "Skills for the Age of Sustainability," 3.

있다는 사실을 곧잘 잊곤 합니다. 다시 말해, 우리는 만사가 순조롭게 진행되는 한, 즉 전체에 영향을 주는 무슨 일인가가 일어나기 전까지는 잊어버릴 수 있다는 말입니다. 지역사회에서 중요한 고용주가 사업을 중단하면 모든 사람이 경제적·사회적·개인적으로 충격을 받습니다. 2004년, 캘리포니아의 라 콘치타라는 작은 마을에서 산사태가 일어나 집 몇 채가 파묻혔습니다. 이웃 마을에 살고 있던 우리는 큰 충격을 받고는, 집과 사랑하는 사람을 잃은 가족 주위에 모여들었습니다. 그리고 일 년 후 허리케인 카타리나와 리타로 홍수가 일어나 뉴올리언스 그리고 미국 남부의 다른 도시와 마을에서 수천 명의 삶이 파괴되었을 때, 온 나라는 스스로를 고통을 통해, 그리고 개인 및 사회·경제·환경에 대한 관심으로 서로 연결된 하나의 그물로 보았습니다.

자연재해나 인재로 공동체 삶의 흐름이 막힐 때, 다시 말해 생존이 명백하게 위태로울 때에는 우리 깊은 내면에 있는 무언가가 건드려져서, 우리는 한 공동체로서 그리고 한 종으로서 우리를 지탱해주는 상호연결성이라는 터전을 알아차립니다. 우리가 서로 기대고 있다는 이 인식, 다시 말해 삶이라는 그물에서 우리 각자가 그물의 한 코라는 인식, 그리고 우리의 안녕이 다른 존재의 안녕과 긴밀하게 연결되어 있다는 인식은, 집안의 화목뿐 아니라 인류 공동체로서 살아남기 위해서도 협력이 어째서 발전을 위한 기술인지를 보여줍니다.

가족은 우리의 서로기댐 그물에서 핵심 단위입니다. 그래서 가족 안에서 서로 맺고 있는 관계가 미치는 영향은 여러분 자녀와 손자녀의 삶을 통해 대대로 느껴질 겁니다. 여러분이 부모 노릇 하는 방식이 자녀뿐 아니라 그들의 미래에 함께할 수백 수천 사람들 삶에도 영향을 미친다는 말입니다. 여러분은 서로기댐이라는 이 연결망에 영향을 줄지 안 줄지 선택할 수 없습니다. 그러나 그것에 '어떻게' 영향을 줄지는 선택할 수 있습니다.

협력은 아이와 함께하는 힘을 쓰는 것이다

여러분과 자녀의 상호작용이 언제나 '지배하는' 힘 또는 '함께하는' 힘 가운데 하나에 바탕을 두고 있다고 생각해보세요. 두 종류의 상호작용 모두 여러분에게는 꽤 친숙할 수 있습니다. 아마도 여러분의 가족생활에서 이 둘 중 하나가 우세할 겁니다. 어느 쪽인가요?

지배하는 힘^{power-over}을 쓰는 부모 역할

'지배하는 힘'을 쓰는 부모 역할에서 흔히 쓰는 표현:

- 너, 지금 당장 이걸 하는 게 좋을 거야.
- 또다시 물어보게 하지 마라!
- 시키는 대로만 하면 돼.
- 말대꾸하지 마!
- 네가 그것에 대해 어떻게 생각하든 상관없어!
- 놀고 싶은 건 알겠는데, 넌 ……해야 해.
- 몇 번이나 말해야 하니?

지배하는 힘의 토대를 쌓아 올린다는 것은 자녀를 위해 무엇이 최선이고 무엇이 옳은지를 여러분이 결정하고 지시하며 아이는 복종하기를 강요한다는 뜻입니다. 이런 지향점을 가진 부모는 훈계하고 충고하고 분석하며, 어떤 식으로든 '올바르고' '유일한' 방식이라고 자

기가 받아들이는 일련의 기대에 끼워 맞추기 위해, 자녀를 관리하는 데 많은 시간을 소비합니다. 반드시 순종하게 만들려고 애쓰면서, 부모는 "해야 해", "꼭 해", "할 의무가 있어", "안 하면 안 돼" 같은 말을 하며 명령하고 강요하는 자신을 종종 발견하곤 합니다. 그들은 또 벌을 주겠다고 협박하거나 상을 주겠다고 약속하면서 시키는 대로 하도록 강요할 수밖에 없습니다. 자녀는 선택할 기회가 전혀 없거나 거의 없으며, 혹시 있더라도 아이가 자기 문제를 스스로 어떻게 해결하고 싶은지 아이에게 직접 물어보는 일은 드뭅니다.

함께하는 힘power-with**을 쓰는 부모 역할**

'함께하는 힘'을 쓰는 부모 역할에서 흔히 쓰는 표현:

- 모두에게 좋은 해결 방법을 우리가 함께 찾았으면 좋겠어
- 우리가 함께할 때 난 행복해.
- 우리 중 한 사람이 결정에서 제외되면 아쉽지.
- 이 말이 너한테는 어떻게 들리는지 듣고 싶구나.
- 지금 너한테 필요한 게 무언지 궁금하구나.
- ……할 마음 있니?
- 네가 무슨 생각을 하고 있는지 이해하고 싶어.
- 이 말을 들을 때 네 생각이 어떤지 궁금해.

> 앞에 있는 존재를 그의 모든 진실 안에서 있는 그대로 받아들이기 위해, 영혼은 자기 안에 있는 모든 내용물을 비운다.
> ▶ 시몬 베유 Simmone Weil

함께하는 힘의 토대를 쌓아 올린다는 것은 자녀를 위해 무엇이 최선인지 결정할 때 부모와 자녀가 협력하고, 서로 합의해서 행동하며, 가족끼리 주기적으로 모여 자신들이 함께 만든 합의 사항을 검토한다는 뜻입니다. 이런 지향점을 가진 부모는 부모 역할을 하는 귀중한 시간을 자녀가 하는 말에 적극 귀 기울이고, 아이의 느낌과 욕구, 바람 등을 들으면서 그들을 이해하려고 노력하는 데 씁니다. 이런 부모가 보내는 가장 중요한 메시지는 이렇습니다. "나는 우리 모두에게 도움이 되는 수단 방법과 해결책을 생각해내고 싶어. 그렇게 할 수 있을 때까지 기꺼이 너와 함께 탐구할 거야." 누군가는 실망한 채로 남겨지기 쉬운 타협이나 협상, 흥정 같은 것은 문제의 뿌리를 알아내고 모두가 만족할 만큼 욕구를 충족시키기에는 형편없는 대안입니다.

> 부모 역할은 가족 모두가 활발하게 상호작용하는 가운데 일어난다. 서로에 대해 진심 어린 관계를 맺으며 살아감으로써, 우리는 살아 있음과 기쁨을 느낀다. 이것은 가르치려 하고, 설교하려 하고, 자신이 원하는 것을 남에게 시키려 할 때에는 가질 수 없는 느낌이다.
> ▶ 조지프 칠튼 피어스
> Joseph Chilton Pearce

자녀와 '함께하는' 힘을 쓰기로 결정한 부모는 아이 말을 듣는 것을 두려워하지 않습니다. 실제로 그들은 그런 말을 환영합니다. 그들은 아이 말에 귀 기울이는 것이 곧 아이 말에 동의하거나 동의하지 않는 것이 아님을 이미 알고 있습니다. 그들은 귀 기울이는 것이 그저 대화의 시작일 뿐이며, 특히 자기가 먼저 귀 기울여 들으면 자신의 생각과 느낌, 욕구를 솔직하게 나눌 기회도 가질 수 있다는 것을 알고 있습니다.

여러분이 부모 역할을 하는 밑바탕이 지배하는 힘이건 함께하는 힘이건 간에, 자녀는 여러분이 말하고 행동하는 모든 것에서 배웁니다. 자녀는 여러분이 사용하는 수단 방법을 익혀서 그것을 자기 형제나 친구들에게 사용합니다. 아이는 이런 수단 방법을 학교에 가서 반 친구들과 상호작용하는 밑바탕으로 삼고, 미래의 관계를 위한 밑바탕으로 삼기도 합니다.

존중은 보는 방식이다

좋은 소식은 여러분이 자녀와 기꺼이 협력하는 것이 가능할 뿐 아니라, 서로 존중하는 관계에서는 그것이 자연스러운 결과이기도 하다는 겁니다. 협력처럼 존중도 흔히 여러 다양한 방식으로 오해되어 사용되곤 합니다.

여러분이 자녀에게 더 많이 존중받고 싶다고 말할 때 그것은 무엇을 뜻하나요? 자녀가 기꺼이 여러분 말을 더 귀담아듣고 여러분에게 배우기를 바라나요? 여러분이 처한 상황과 욕구를 더 이해받고 싶은가요? 말다툼을 덜 하고 싶은가요? 여러분의 관점이 옳다는 것을 자녀가 알아주기를 바라나요? 자녀가 당신을 존경하고 높이 평가해주기를 바란다는 뜻인가요? 아니면, 여러분이 하라는 대로 하고 질문은 하지 않기를 바라나요? 어쩌면 이 모두를 다 뜻하는 건지도 모르겠습니다. 이렇게나 다양한 방식으로 존중을 이해하니, 존중해달라고 요구하고 그것을 얻기가 너무나 어려운 건 당연한 일이겠지요. 부모들 대부분에게 '존중'은 많은 생각과 느낌, 욕구를 함축하고 있는 두루뭉술한 말입니다.

여러분이 생각하는 '존중'이라는 말의 의미는 무엇인가요?

'존중'이라는 말의 핵심 의미는 '보는 것'입니다. 그런데 무엇을 볼까요? 우리 생각엔, 다른 사람을 '존중한다'는 것은 그 사람이 경험하고 있는 것을 보는 것, 특히, 그 사람의 지금 느낌과 욕구를 존중하는 마음으로 보는 것입니다.

자녀를 볼 때 여러분은 무엇에 초점을 두고 볼지 늘 선택할 수 있습니다. 자녀 행동을 여러분의 관점으로, 여러분의 욕망과 판단으로 볼 수 있습니다. 아니면 자녀가 어떻게 느끼고 있고 무엇을 필요로 하는지를 존중하면서, 그들 관점에서 볼 수도 있습니다.

잘못된 행동에 초점 맞추기

자녀가 뭐가 잘못됐는지에 초점을 맞추면, 이렇게 말할 수 있습니다. "어떻게 그렇게 칠칠치 못하니? 철이 좀 든 줄 알았는데! 너 도대체 왜 그래? 알 만한 사람이 왜 그러냐고. 부끄러운 줄 알아라."

자녀가 잘못한 행동에 초점을 맞추면 이렇게 말할 수 있습니다. "그런 말을 하다니 끔찍하구나! 네가 무슨 짓을 했는지 좀 봐라. 알 만한 사람이 왜 그래!"

앞으로 아이가 어떻게 될까 하는 두려움으로 초점이 흐려지면 이렇게 말할 수 있습니다. "계속 그렇게만 해봐, 절대 성공하지 못할걸. 그런 식으로 행동하면 절대 친구를 못 사귀어. 도대체 언제나 돼야 내 말을 들을 참이니?"

자녀가 뭐가 잘못됐는지에 또는 자녀의 행동이 뭐가 잘못됐는지에 초점을 맞추는 부모 노릇은 아이를 꾸짖고 기분 상하게 만들고 벌을 주면 아이가 다르게 행동하게 되리라는 어떤 신념에 기대고 있습니다. 그렇게 하는 게 여러분에게 효과가 있나요?

욕구에 초점 맞추기

아이가 바짓가랑이를 잡아당기며 소리를 지르고, 당신을 때리고, 형제자매들을 때리고, 장난감을 집어던지는 것이 아무리 정신 나간 행동처럼 보여도, 그 모든 것은 아이가 그 순간에 어떤 욕구를 충족하려 하고 있는 것일 뿐입니다. 그것은 여러분도 가지고 있는 욕구입니다. 아마 관심, 배려, 선택 또는 자율성에 관한 욕구이겠지요. 아이가 자기 욕구를 충족하려고 애쓰는 방식이 마음에 들지 않을지 모르지만, 바로 그 순간이 아이와 연결할, 그리고 아이가 가장 좋은 방법을 찾도록 도와줄 최고의 기회가 될 것입니다. 아이가 그 순간에 충족하려고 진지하게 노력하고 있는 욕구를 알아차린다면 말입니다.

다음 이야기에서 아빠는 아들 행동에 반응하기보다는 아들 욕구에 초점을 맞출 수 있었다며 매우 만족스러워했습니다. 중학교에 입학하기 두 달 전, 열두 살 제이슨은 몸무게가 계속 늘고 있었습니다. 부모는 건강에 좋은 음식을 집에 들여놓았는데도 제이슨이 학교에서 그리고 주말이면 집에서 간식으로 감자칩이나 사탕과자 같은 것을 먹는다는 사실을 알았습니다. 부모는 아이에게 뭔가 말함으로써 더 압박을 주고 싶지는 않았습니다. 그런데 어느 날 밤 제이슨이 화를 내며 말하는 것이었습니다. "내가 이렇게 살이 쪘다니, 믿을 수가 없어!" 제이슨 아빠가 보고한 바에 따르면, 그때 가장 먼저 떠오른 생각은 제이슨에게, "애야, 네가 정크 푸드를 끊기만 하면 몸무게가 줄 거야."라고 설교하는 것이었다고 합니다. 그러나 그렇게 하는 대신 제이슨 스스로가 자기에게 무슨 일어나고 있는지에 관해 더 많은 말을 해주기를 기다리면서 잠자코 있었던 것을 자랑스러워했습니다. 아니나 다를까, 제이슨은 말을 이어갔습니다. "제가 먹는 것이 전부 정크라는 건 저도 알아요. 그렇지만 안 먹으려고 해도 그럴 수가 없어요. 학교 끝나면 그걸 먹고 싶은 마음이 간절한 데다, 가는 곳마다 그런 것이 있잖아요." 아빠는 제이슨이 가지고 있는 느낌과 욕구를 짐작함으로써 아이를 공감해주었습니다. "지금 넌 어찌해야 좋을지 모르겠다는 느낌이라는 말로 들리는데? 기름진 음식을 먹지 않고도 울분이나

협력은 우리 유전자 속에 있다

협력은 생명이 생존하고 번성하는 데 꼭 필요한 것이며, 우리 유전자 배선 가운데 한 부분이라는 생각을 과학자들과 영성 지도자들이 밝혀냈다.

생물학자인 팀 로퍼Tim Roper와 라리사 콘라트Larissa Conradt는 동물들 사이에는 서로의 안녕을 위해 협력하려는 타고난 본능이 있다고 보고했다. 두 사람이 함께 연구한 〈동물의 집단 의사 결정〉에서, 그들은 인간을 포함해서 집단생활을 하는 모든 동물의 자연스러운 상태는 지배가 아니라 협력이라는 결론을 내렸다. 그들이 주장하는 바에 따르면, 자연은 우리가 서로에게 줄 때 엔도르핀과 즐거운 느낌을 방출하는 것을 포함하는 생체 자기제어 시스템을 인간에게 부여했다고 한다.* 이런 느낌은 우리로 하여금 계속해서 주도록 하고, 또 그럼으로써 종의 생존뿐 아니라 그 이상으로 번성과 우리 각자의 전반적인 안녕에 기여하도록 만든다.

텐진 갸쵸, 즉 달라이 라마도 협력은 인간들 사이에서 일어나는 자연스러운 반응이라고 말한다. 우리는 사회적 생물이고, 그래서 우리 생존과 웰빙은 다른 사람들의 웰빙과 떼려야 뗄 수 없이 연결되어 있기 때문이다. 다른 사람들에게 주고자 하는, 그리고 서로의 웰빙을 위해 그들과 협력하고자 하는 강한 충동은, 그래서, 우리 본성에 바탕을 둔 것이다. 그는 이렇게 말한다. "서로기댐은 자연의 근본 법칙입니다. 고등동물뿐 아니라 가장 작은 수많은 곤충도, 그 어떤 종교나 법 또는 교육이 없어도 상호연결성에 대한 타고난 인지를 바탕으로 협력함으로써 생존하는 사회적 존재들입니다."**

이러한 관점에서 드러나는 협력에 관한 실용성 있는 정의는 이런 것이다. '협력은 서로의 웰빙을 위해 다른 이들과 힘을 함께 쓰는 데 참여하는 방식이다.'

* 팀 로퍼·라리사 콘라트, 〈동물의 집단 의사 결정Group Decision-Making in Animals〉
** 텐진 갸쵸, 〈연민과 개인Compassion and the Individual〉, http://www.john-bauer.com/dalai-lama.htm (accessed January 17, 2006)

긴장을 해소하고 느긋해질 수 있는 다른 방법을 찾았으면 좋겠다는 말이니? 지금 무얼 할 수 있을지 모르겠다는 말이야?" 제이슨은 화가 슬픔으로 바뀌면서 눈물을 글썽거렸습니다. "예, 아빠, 무언가 해야 해요!" 아빠는 다시 공감해주었습니다. "습관을 바꿔볼 의욕이 좀 생겼다는 말로 들리는데?" 제이슨이 대답했습니다. "예, 아빠, 뭔가 아이디어 있으세요?"

대부분의 부모들처럼, 이 아빠도 아들이 더 건강한 방법으로 자기 욕구를 충족할 수 있는 방법에 관해 의견을 나누며 아이디어를 의논하자는 아들의 초대에 기꺼이 응했습니다.

2장

자기존중
부모도 욕구를 가지고 있다

부모는 첫아이가 태어나면서 부모 노릇 세계로 들어섭니다. 대가족 안에서 다양한 연령층을 경험했던 과거 세대와는 달리, 우리 중 많은 사람들은 첫아이가 태어나면서 비로소 신생아와 함께 있는 경험을 합니다. 혼자서 24시간, 7일 아기를 돌보는 일

> 우리 아이들에게 자기 자신을 알도록 용기를 북돋아주는 첫 걸음은 우리 스스로가 솔직하고 자신에게 도움이 되는 방식으로 우리 자신을 이해하기 시작하는 것이다.
> ▶ 대니얼 시걸 Daniel J. Siegel

은 말할 것도 없지요. 그래서 혼자 힘으로 해야 한다는 사실을 재빨리 깨닫습니다. 부모 역할은 우리 삶에서 가장 큰 도전이고 가장 중요한 일인데, 그 일을 위한 직업훈련도 못 받고, 휴대전화를 사도 따라오는 그 흔해빠진 사용설명서나 CD도 없이 말입니다! 부모를 모집하는 광고 문구가 "훈련도 필요 없고 이전 경험도 필요 없음"이라고 되어 있

을 걸 생각하면 정신이 번쩍 듭니다.

부모 노릇 세계로 들어섰을 때, 여러분은 주로 자신의 생물학적 생존 욕구와 타고난 호기심, 배우고 성장하려는 엄청난 능력을 갖추고는 무턱대고 새로운 삶의 차원으로 돌이킬 수 없이 밀려들어갔습니다. 여러분의 갓난아기와 똑같이요. 자녀와 함께 살아가는 것에 관해 여러분이 아는 것이 얼마나 적고 배워야 할 것은 얼마나 많은지를 알게 되는 것은 겸허한 경험일 수 있습니다. 사실은 이렇습니다. 여러분은 가족 관계, 협력, 그리고 돌봄을 배우고 있습니다, 바로 여러분 자녀와 함께요. 유난히 힘든 날에는, 여러분이 살아온 삶의 경험 그리고 논리적으로 판단하고 문제를 해결하는 고급 능력도 별로 중요해 보이지 않을 수 있습니다.

부모 역할을 위한 배움 곡선은 경사가 가파릅니다. 아이가 커갈수록 곡선 경사가 더 심해지는 일이 많을 텐데, 여러분은 그보다도 더 앞질러 가는 것에 절망할지도 모릅니다. 거의 18년 동안이나 계속되며 아이 미래에 그토록 중요한 영향을 주는 이 일, 7일 내내 24시간 내내 해야 하는 이 일을 하면서, 많은 부모들은 자녀가 필요로 하는 것에 몰두하다가 자기 자신을 돌보는 걸 잊어버립니다. 좋은 부모가 된다는 것은 자기 욕구를 완전히 희생해야 한다는 뜻이라고 믿는 부모도 더러 있습니다. 여섯 아이를 둔 한 아버지가 우리가 진행하는 부모 역할 워크숍 중간에 벌떡 일어나더니, 이런 말을 했습니다. "부모의 욕구에 대해 이야기하다니, 우습네요. 당신들부터가 부모가 되었을 때 18년 동안 자기 욕구를 희생해야 한다는 사실에 직면했었잖아요." 그 아버지의 말은 매우 단호하게 들렸고, 우리는 그분과 그분 자녀들에 대해 슬픔을 느꼈습니다. 여러분의 욕구를 희생해가며 자녀에게 주기만 하면 모든 사람이 비싼 비용을 치르게 됩니다.

부모 욕구는 중요하다!

가장 중요한 사실, 곧 당신 욕구는 중요하다는 것 그리고 다른 사람들에 앞서 자기 자신을 먼저 돌보아야 한다는 점은 항공사에서 증명해줍니다. 비행기에서 항공사 직원이 부모들에게, 비상시에는 산소마스크를 부모가 먼저 쓴 다음 아이에게 씌워주라고 안내합니다. 여기서 쉽게 알 수 있는 것은 부모가 숨을 쉴 수 없으면 아이에게 산소마스크를 씌워줄 수 없다는 것입니다.

> 우리가 어떤 사람인지가 우리가 어떤 말을 하는가보다 훨씬 더 많은 것을 아이에게 가르친다. 따라서 우리는 우리가 아이들에게 바라는 바로 그런 사람이어야 한다.
> ▶조지프 칠튼 피어스
> Joseph Chilton Pearce

비행기 밖에서 하는 부모 역할도 다르지 않습니다. 그저 눈에 덜 띨 뿐이지요. 두 경우 모두, 자기 욕구를 충족하는 일은 협상의 여지가 없습니다. 만약 여러분이 자기 욕구를 돌보지 않아서 스스로 튼튼하지 못하다면, 자녀가 생존할 수 있도록 도울 수는 있겠지만, 그들이 뻗어나가도록 돕는 데 필요한 생기와 현존은 누리지 못할 겁니다. 또한 자기 자신을 잘 돌보는 사람의 본보기가 되어주지도 못하겠지요. 그런데 자녀가 혼자 힘으로 출발할 때 그 무엇보다 필요한 것은 바로 그것입니다.

부모의 욕구는 정말 중요합니다. 그리고 부모들은 대부분이 공동체가 지금 제공하고 있는 것보다 더 많은 관심과 자원을 필요로 합니다. 우리는 모든 지역사회에 부모들이 정기적으로 참석하여 에너지를 재충전하고 배우고 공동체를 창조할 수 있는 장소가 하나씩 마련되는 것을 꿈꿉니다. 우리가 쉽게 상상해볼 수 있는 것은, 저녁 시간과 주말에 가족들이 이용할 수 있도록 학교 교정을 공동체 센터로 제공하는 모습입니다. 아이들이 분주히 이런저런 활동을 하는 동안, 부모는 공감과 코칭을 받고 다른 부모들과 사귈 수 있습니다. 부모들은 또 요가나 태극권도 할 수 있고, 노래교실이나 요리교실에도 참가할 수 있으며, 마사지를 받을 수도 있습니다. 부모들과 공동체의 다른 구성원들은 더 자주 모여서, 지역사회에서 매우 중요한 사회·경제적 필요들에 대해 발언할 수도 있습니다. 우리는 이처럼 부모와 가족들을 위해 많은 것을 지원하는 세상을 상상하는 것이 즐겁습니다.

우리가 이 세상에서 보고 싶은 가족과 부모에 대한 지원을 이 책이 대신할 수는 없습니다. 그래도 우리는 이 책이 아이 욕구뿐 아니라 여러분 자신의 욕구를 확인하고 소중히 여기도록 북돋아주기를 바랍니다. 우리는 정신없이 바쁜 시대에 살고 있습니다. 그래서 부모 욕구를 항상 잘 돌보는 일이, 불가능한 건 아니지만 쉽지는 않을 겁니다.

이런 면에서 여러분이 최선을 다하고자 하는 의도는 앞으로 크게 한 걸음 내딛는 것입니다.

부모가 필요로 하는 것을 알리는 욕구를 충족하자

우리가 만나는 대부분의 부모님들은 자기 욕구를 잘 돌보지 못하고 있습니다. 왜냐하면 자기 욕구가 무엇인지 알지 못하기 때문입니다. 대부분의 부모와 마찬가지로, 여러분도 어쩌면 부모님과 선생님, 그리고 고용주가 정해놓은 외부 기준과 기대에 걸맞게 살려면 자기 욕구를 포기해야 한다는 말을 들으며 컸을지 모릅니다. 가족, 학교, 정부를 비롯해 사람들이 다른 사람들에게 지배하는 힘을 쓰는 모든 조직에서는 자기 욕구를 포기하는 것이 과거에도 그랬고 지금도 여전히 일반적입니다. 우리는 역사를 통틀어 유아와 어린아이들이 순종하고 순응하도록 만들기 위해 그 아이들이 열렬하게 갈망하는 것을 부모와 교사가 얼마나 기꺼이 억눌러왔는가를 깨달으면서 줄곧 충격과 슬픔을 느끼고 있습니다.

욕구에 눈을 감은 지 오래되어 감각이 없다고 많은 어른들이 우리에게 말합니다. 그들은 열렬함, 살아 있음, 자유로움 등 어린 시절에 느꼈던 것을 더 많이 느끼고 싶어 합니다. 많은 사람이 어린 시절의 기억을 지워버린 까닭에 느낌이나 욕구를 언급하는 것 자체를 단념했거나 의심쩍어합니다. 자기에게 그런 것을 말하는 사람을 가리켜 "얄팍한 감성주의자다.", "물러 터졌다.", "항상 요구가 많다."라고 하면서요. 그러나 우리와 함께 작업하면서 자기 느낌과 욕구에 다시 연결하는 걸 배우는 부모님들은 다시금 새로워진 생기와 살아 있다는 감각을 경험합니다. 그들은 또한 자기 욕구를 충족하는 일도 더 잘할 수 있게 됩니다.

자기 욕구를 충족하지 않으면 비용을 치른다

일정이 꽉 차 있어 하루가 어떻게 지나가는지 모를 만큼 정신을 차릴 수가 없어서 쉬거나 규칙적으로 식사하거나 긴장을 풀 시간을 갖지 못하면, 자녀의 욕구에 열렬한 관심을 보이거나 잘 반응하기가 어렵습니다. 여러분 삶에서 재미를 위해 시간을 내지 못하고 있다면, 아이가 재미있게 놀겠다며 그토록 고집 피울 때 별로 설레지 않겠지요. 여러분 말을 귀담아들어주는 사람이 없다면, 아이가 자기 말에 귀 기울여달라고 요구할 때 당황할지도 모릅니다.

에너지 탱크가 고갈되도록 내버려두고 텅 빈 채로 계속 달려가기만 하면, 당신뿐 아니라 자녀도 감정 면에서 힘듭니다. 잔소리하고 윽박지르고 고함치고 강요하고 상이나 벌을 주면서, 아이와 상호작용하지 못하고 있는 자신을 발견할 겁니다. 그러다 결국 흥분해서 침을 튀기며 '다다다' 하고 말하는 것으로 끝나겠지요. 그야말로 에너지가 완전히 바닥나서 기진맥진하고 감정에 압도되는 순간입니다. 무력감과 절망으로 가득 차서, 당신은 자기가 하고 있는 일의 의미와 목적을 의심하고, 전혀 의도하지 않은 말을 하고, 정말 일어나지 않기를 바라는 무언가로 자녀를 윽박지르기 쉽습니다.

　오랫동안 자기 욕구를 충족하지 못한 채로 내버려둘 때 일어날 수 있는 또 다른 현상은 걸핏하면 화를 낸다는 것입니다. 여러분이 자기를 돌보느라 어떤 희생을 치르는지 알게 되면 아이는 부모에게서 받는 것에 죄책감을 품게 되어서, 여러분이 주는 것에 저항하거나 심지어는 그것을 거부할 수도 있습니다. 그와 동시에 부모에게는 욕구가 없다는 잘못된 인상을 받을 가능성도 있습니다. 그리고 자녀가 부모 욕구를 알아차리지 못하면, 그것들을 실현하는 데 자녀가 기여할 수 없겠지요. 어느 쪽이든, 아이에게 기쁜 마음으로 줄 수 있는 당신 능력과 아이가 당신에게 주는 데에서 얻을 수 있는 기쁨이 모두 훼손됩니다.

　아이는 태어나면서부터 본래 공감을 잘하며, 자기 자신을 주는 사람으로 보기 싶어 하고 또 그럴 필요가 있습니다.(물론, 자녀가 부모의 욕구 충족에 기여하는 데에는 한계가 있으며, 따라서 아이가 일순위로 부모 욕구를 충족시켜주기를 기대할 수는 없습니다.) 한 친구가 자기 아이 이야기를 들려주었는데, 무엇이 필요한지 아이가 알고 나자 도움이 될 방법을 스스로 찾아냈다는 이야기입니다.

> 어느 날 오후 나는 두 살배기 아들과 꽤 오랜 시간 함께 놀고 있었는데, 몹시 피곤했다. 낮잠을 좀 자고 싶었지만, 아들은 여전히 힘이 넘쳐서 더 놀고 싶어 했다. 나는 피곤해서 휴식이 필요하다고 아이에게 말했고, 아이는 계

속 자기랑 같이 놀아달라고 고집을 부렸다. 마침내 나는 아이 관점으로 바꿔서 말했다. "너는 엄마랑 노는 게 너무 재미있어서 그만두고 싶지 않다는 말로 들리는데? 그냥 계속 놀고 싶은 거지?" 나는 너무 피곤해서 무슨 말을 더 할지 생각도 나지 않았다. 내가 말하려고 한 의도를 아이가 알았다고 생각한다. 아이한테 무언가 전환이 일어났기 때문이다. 오래지 않아 아이가 방법을 제안했다. 아이가 말했다. "엄마, 엄만 누워 있어, 난 엄마 옆에 누울게." 그리고 우리는 그렇게 했다. 아이는 혼자 즐겁게 놀고 나는 30분쯤 낮잠을 잤다. 내가 일어나자 아이가 물었다. "엄마, 잘 잤어?" 나는 깊은 감동을 받았다.

자기를 돌보는 새로운 습관을 익히자

위기가 발생하기 전에 나 자신을 돌보지 않고 있다는 경고 신호를 알아차리는 법을 배우는 것에 관해 드릴 말씀이 많습니다. 자기부정과 자기희생이라는 오래된 습관을 버리고 자기수용과 자기존중이라는 새로운 습관을 들이려면 아주 큰 의지와 끈기가 필요합니다. 그런데 우리가 지금까지 보아온 바로는, 많은 부모들이 스스로를 돌보지 않는 것이 가족에게 스트레스를 주고 갈등을 일으킨다는 것을 확인하고 나서야 비로소 그렇게 합니다. 자신이 에너지가 고갈되고 탈진한 상태로 달려가고 있다는 것을 다시 한 번 발견하기 전에 이렇게 해봅시다. (1) 자신이 지쳐 있다는, 또는 나중에

> 우리 아이가 달라졌으면 하는 점이 있다면, 그게 무엇인지 먼저 조사해보고, 우리 스스로가 더 잘 달라질 수 있는 것은 아닌지 보아야 한다.
> ▶카를 융 Carl G. Jung

후회하게 될 말이나 행동을 하려고 한다는 경고 신호를 알아차리기, (2) 멈추고 심호흡하기, (3) 자신과 연결하기 위해 '내면을 보살피는 시간Time-In' 가지기.(이 책 3부, '주제: 삶을 풍요롭게 하는 연습' 가운데 내면 보살피는 시간 가지기를 보세요.)

연습 1 - 나를 위한 10분

여러분이 만약 자신의 웰빙에 반드시 필요한 것을 소홀히 하는 부모라면, 하루에 10분씩만 자신을 위한 시간을 내는 것으로 자기희생 사이클을 깰 수 있습니다. 이 몇 분으로 우리는 시간을 전혀 내지 않던 것을 넘어 크게 나아질 수 있습니다. 이 시간을 여러분은 이렇게 쓸 수 있습니다. 나에게 무엇이 중요한지 곰곰이 생각하기, 무엇에 감사하는지 기억하기, 명상하거나 기도하기, 영감을 주는 책 읽기, 자신이 노력하고 있는 것에 대해 스스로 감사하기, 자신이 겪는 어려움에 스스로 공감하기, 자기 욕구를 충족하고 있는 것 축하하기 등.

연습 2 - 나에게 무엇이 필요한지 알아내기

아래에 있는 욕구 목록을 읽어보시기를 권합니다. 우리 모두가 가지고 있는 욕구입니다. 우리와 함께 공부하는 부모님들은 자신이 충족하고 있는 욕구와 더 충족하고 싶은 욕구를 깊이 살펴보려고 할 때

이 목록이 도움이 된다는 것을 알아냈습니다. 목록을 마음에 새기면서 쭉 훑어보기만 하는 사람이 있는가 하면, 자기가 충족하고 있는 욕구 옆에는 더하기 표시를 하고 충족하지 못하고 있거나 충족하고 싶은 욕구 옆에는 빼기 표시를 하는 사람도 있습니다. 부모님들이 우리에게 말해준 바에 따르면, 정기적으로 이 연습을 하면 현재에 머무르는 데 도움이 된다고 합니다. 그들은 또, 자기가 충족하고 싶은 욕구가 무엇인지 알아차릴 때 그것을 더 쉽게 충족할 간단한 방법들이 떠오른다고 말하기도 합니다.

부모가(그리고 모든 사람이) 필요로 하는 것:

- 휴식
- 친밀한 교제
- 운동
- 정직
- 건강에 좋은 음식
- 공감
- 배움과 성장
- 지원
- 재미
- 의미
- 창조성
- 기여
- 목적

(더 많은 욕구 예는 3부, '주제: 가족 모임' 중 욕구 목록을 보시기 바랍니다.)

과거에 겪은 고통을 치유하려는 자기 욕구를 충족하자

존중하는 마음으로 부모 역할을 할 때 맞닥뜨리는 중대한 도전은 과거에서부터 이어지는 고통, 특히 성장기에 부모와 겪었던 고통스러운 경험입니다. 여러분은 아마 아이가 하는 어떤 행동에 자극을 받아

여느 때와는 달리 강렬하게 자동 반응을 한 다음에야 비로소 자신에게 이런 고통이 있다는 것을 알아차릴지도 모릅니다.

안전벨트를 매주려고 하는데 아이가 당신 손을 뿌리치며 싫다고 합니다. 당신은 안전벨트를 억지로 채우며 거친 목소리로 말합니다. "엄마한테 그딴 식으로 말대꾸하지 마!" 당신은 시동을 걸지만 죄책감과 충격으로 떨고 있습니다. 잠시 후 당신은 화들짝 놀라며, '대체 이런 말이 어디서 나왔지?' 하고 의아해 합니다. 심지어 나중에는 그 목소리를 알아보기까지 합니다. '엄마가 말한 거랑 똑같잖아! 내가 이런 식으로 말할 거라곤 꿈에도 생각 못 했어!'

진짜 응급 상황이 아닌데도 황급히 보이는 자동 반응은 대니얼 골먼이 '정서적 하이재킹 emotional hijacking'[2]이라고 부르는 것을 여러분이 지금 경험하고 있다는 신호입니다. 이때, 우리 뇌에서 생존을 담당하는 원시뇌가 작동할 수 있도록 이성이 작용하는 부분인 신피질은 작동을 멈춘 상태입니다. 이런 일이 일어날 때 여러분은 세 가지 선택을 할 수 있습니다. 싸우거나 달아나거나 얼어붙거나. 이런 순간에는 아이가 문제라고 생각하기 쉽습니다. 아니면 생각할 여지도 없이 그저 빨간불이 들어온 것을 보며 자동 반응할 수도 있습니다. 아이가 당신의 버튼을 누를 때 당겨지는 자동 방아쇠는 자동차 계기판에서 번쩍거리는 빨간불과 같습니다. 그 빨간불은 여러분에게, 차를 갓길에 세

---

[2] 대니얼 골먼 Daniel Goleman, 『EQ 감성지능 Emotional Intelligence』

우고 엔진을 끈 다음 무엇이 문제인지 안을 들여다보라고 말해주고 있습니다. 그런데 여러분이 보이는 첫 번째 반응은 가속기를 밟고 전속력으로 달려가는 것입니다.

언제 정지 버튼을 누를지 알자

감정이 격해서 자동 반응 한가운데에 있을 때에는 명료하고 이성적인 생각을 할 수 없으니, 그 신호들이 여러분에게 무엇을 말하고 있는지를 그저 알아차리기만 하세요. 그것은 자기에게 주의를 기울여달라고 외치고 있는 충족되지 못한 당신 욕구일 수도 있고, 아니면 지금 다시 자극받고 있는 당신 과거의 아픔일 수도 있습니다. 어떤 경우이든, 자동 반응하기 전에 정지 버튼을 누르고 '내면을 보살피는 시간'을 가지세요.

언제 도움을 청할지 알자

과거의 아픔이 자주 올라온다면, 되도록 빨리 가족 밖에서 조치를 취하세요. 과거의 아픔을 치유하려면 시간이 걸립니다. 그리고 좋은 친구나 상담사, 치료 전문가들이 잘 도와줄 수 있습니다. 여러분이 이 여행을 기꺼이 할 마음이 있다면, 가족끼리 서로 영향이 오가는 작용을 더 분명하게 알고 더 많이 이해해서 화합할 수 있도록 당신 자신과 다시 연결되는 신나는 시간을 맞게 될 겁니다.

지원과 영감을 받고 싶은 내 욕구를 충족하자

우리는 여러분이 자신의 에너지 탱크를 늘 가득 채울 방법을 많이 찾기를 바랍니다. 반드시 휴식을 취하고 규칙적인 식사를 하고 취미 생활을 하겠다고 다짐하는 것으로 시작할 수 있겠지요. 우리는 또한 부모 역할을 하는 자신의 의도를 상

> 아이에게 혼자 있게 하는 벌을 주지 말고, 잠깐 시간을 내서 우리 자신의 욕구와 우리의 진정한 자아를 발견하자. 당신 자신에게 주지 않으면 아이에게도 줄 수 없다.
> ▶ 체리 후버 Cheri Huber

기할 수 있도록, 매일 짧게 영감을 얻는 휴식 습관도 들이기를 바랍니다. 이 책의 한 단락을 읽고, 인용문 한 줄을 곰곰 생각해보거나, 도표 가운데 하나를 복습해볼 수도 있겠지요. 우리는 여러분이 자기 욕구를 더 많이 알아차리게 될수록 그것들을 더 자주 더 빨리 눈여겨보게 되어 더 확실하게 더 효과적으로 욕구를 돌보기 시작하리라고 봅니다. 여러분은 자신이 원하는 활기 넘치고 생동하는 사람이 될 수 있습니다. 여러분 자신과 자녀의 웰빙을 위해서요.

부모의 자기존중이 중요하다

부모 노릇만큼 여러분에게 자신의 단점과 결함을 잘 보여주는 것도 없습니다. 자녀만큼 여러분과 관계를 맺고 순간순간 기민하게 대응하는 여러분 능력을 거듭해서 시험하는 사람은 아무도 없습니다. 그리고 자녀는 여러분의 말과 행동이 언제 일치하지 않는지도 알게

해줍니다. 여러분의 됨됨이를 비추어주는 거울이 그렇게 많으니 훌륭하게 배울 수 있지요. 그러나 여러분이 별로 연민에서 우러나지 않은 자기 생각과 별로 완벽하지 못한 자기 행동을 볼 때 스스로 어떻게 하느냐가 중요합니다. 스스로를 심판하고 호되게 꾸짖고 벌줄 건가요? 아니면 자신의 완벽하지 못함을 연민을 가지고 관찰하고, 비틀비틀 걸으면서도 늘 자신을 존중하면서 실수에서 배울 건가요?

여러분 자신에 대해서나 자녀에 대해, 여러분이 맺고 있는 관계에 대해 새롭게 배울 것은 늘 있기 마련이므로 완벽하게 해내기를 기대할 수는 없습니다. 실제로, 완벽한 부모나 좋은 부모가 되겠다는 생각만으로도 한층 더 힘들어질 겁니다. 그러는 대신, 프로 골퍼가 스윙 연습으로 시작하듯이, 프로 음악가가 악기 연습으로 시작하듯이 진지하고 경건하게 부모 역할 연습에 접근한다면, 자기에게 강요하고 자기를 비판하는 생각을 가슴속에 품고 사는 커다란 장애를 피할 수 있습니다. 여러분은 당면한 일, 즉 자기 욕구를 돌보고 아이 욕구를 돌보는 일에 자신이 가진 모든 에너지와 관심을 쓸 수 있기를 바랄 겁니다.

연민을 가지고 실수에서 배우자

다르게 했더라면 좋았겠다고 생각하는 일을 여러분이 다루는 방식은 자녀에게 강력한 본보기가 됩니다. 연민을 가지고 실수에서 배우는 방식은 열쇠 6에 구체적으로 나와 있습니다. 이 연습은 누구나 늘 자신의 인간적 욕구를 충족하기 위해 최선을 다하고 있음을 이해하는 것으로 시작합니다. 여러분이 배우자에게 비난을 퍼붓거나 자녀에게 소리 지르는 것은 악하거나 나쁜 의도가 있어서 그런 것이 아닙니다. 아이가 하는 모든 행동이 그러하듯이, 모든 행동 밑에는 인간적인 욕구가 있습니다. 여러분이 그것들을 의식하고 있건 아니건 간에요. 이 점을 잊지 않도록 자신을 일깨우면, 스스로를 판단하는 데에서 벗어나, 긍정 에너지와 새로운 습관을 익힐 동기를 부여받으면서 자기 공감으로 나아가게 될 겁니다.

3장

무엇이 '협력'에서 '함께'를 놓치게 하는가?

> 아이가 경이로움에 대한 타고난 감각을 잃지 않고 유지하려면, 함께 교류할 수 있는 어른이 적어도 한 명은 있어야 한다.
> ▶레이첼 카슨Rachel Carson

이 장에서 우리는 여러분 집에서 무엇이 계속 갈등을 일으키며 협력하는 흐름을 방해하고 있는지 좀 더 자세히 살펴보라고 여러분을 초대합니다. 그것은 아마 연결하기엔 빠듯한 시간, 꼬리표 달기와 비교, 상과 벌, 그리고 도움이 되지 않는 대화 방식 등일 겁니다. 갈등을 부채질하는 이런 습관 하나하나에 대해, 갈등을 없애고 존중과 협력을 위한 바탕을 마련하도록 도와줄 효과적인 대안을 제시합니다.

이 장을 읽을 때 주의할 점 한 가지: 갈등의 뿌리에 초점을 맞추는 것은 슬픔이나 실망, 의기소침한 느낌들을 자극할 수 있습니다. 우리가 바라는 것은, 여러분이 해나가고 있는 배움 과정에 대해 스스로 인내하며 이해하는 것입니다. 이 책을 읽으면서 (과거에 그리고 잘되지 않았던 것에 머무르기보다는) 미래에 그리고 여러분이 창조하고 싶은 것에 초점을 맞추어 연습한다면, 더 빠르게 더 즐겁게 배울 수 있을 겁니다.

연결하기엔 빠듯한 시간

오늘날 부모의 나날의 삶에는 갈등을 부채질하고 아이들과 협력하는 것을 방해하는 것들이 많습니다. 언제나 너무 많은 일정과 허겁지겁 서둘러야 하는 날들, 그렇잖아도 힘든 부모의 일에다 짐을 하나 더 얹어줍니다. 그렇지만 아이와 연결하기 위해, 다시 말해 그저 함께 많은 시간을 보내기 위해 정기적으로 시간을 내는 것 말고는 방법이 달리 없습니다.

많은 부모님들이 우리에게 말합니다. 자기들은 아이와 많은 시간을 보낸다고요. 그러나 자세히 들여다보면, 그 시간 대부분은 학교 갈 준비나 다른 행사를 준비하는 데 쓰이고, 축구 연습장 또는 아이가 가고 싶어 하고 부모가 아이를 데려가야 한다고 생각하는 여러 장소로 데려가는 데 쓰이며, 아니면 아이가 '하기로 되어 있는' 일들을 하게 만들려고 애쓰는 데 쓰이고 있다는 것을 많은 부모님들이 깨닫습니다. 좀 더 큰 자녀들이 학교와 사회 생활을 활발하게 할 수 있도록 부

> 해를 끼치지 않으려면 항상 깨어 있어야 한다. 깨어 있기 위한 한 가지 방법은 우리가 무슨 말을 하고 어떻게 행동하는지 알아차릴 만큼 속도를 늦추는 것이다.
> ▶ 페마 초드론 Pema Chodron

모는 숙제나 취미, 컴퓨터게임, 텔레비전 그리고 다른 많은 활동에 참여합니다. 부모들은 자녀 삶에서 촉진자 역할을 하고 있는 자신을 발견하고는 종종 슬픔에 빠지곤 하지요. 정작 중요한 일에 대해서는 이야기할 시간이 없고, 그저 함께 재미있게 보낼 시간조차 거의 없어 보이기 때문입니다.

성공한 어느 경영자가 이런 말을 했습니다. "우리 아이들이 더 어렸을 때, 특히 아홉 살에서 열세 살 사이에 더 많은 시간을 아이들과 보냈더라면 얼마나 좋을까요? 저는 아이들과 무언가를 하면서 시간을 보냈어요. 하지만 그냥 아이들 말에 귀 기울여주고 아이들과 이야기하면서 시간을 보냈더라면 정말 좋았을 텐데요. 전 그럴 기회가 얼마든지 있을 거라고 생각했지만, 일단 십 대가 되자 아이들은 또래 친구들과 어울려 노느라 제게는 마음을 열지 않았습니다. 지금 저는 어린아이를 둔 우리 직원들에게, 아이와 함께 많은 시간을 보내기 위해 필요한 것이라면 뭐든 다 하라고 말합니다."

부모가 할 수 있는 일 : 연결할 시간을 찾아보자

자녀가 아직 어릴 때 게임하기, 노래 부르기, 춤추기, 그림 그리기, 산책하기, 희망과 꿈에 대해 이야기하기, 웃기, 함께 끌어안기 등을 하면서 그냥 서로 누리는 습관을 가져보세요. 한 가족이 되기 위해 매주 시간을 바치세요. 일주일에 한 번씩 갖는 가족 모임은 연결이라는 생명줄을 키우는 믿음직하고 확실한 방법입니다. 그것은 협력을 연습할 아주 좋은 방법입니다. 모든 사람이 저마다 무슨 일을 겪었는지 그리고 가족생활이 어떻게 돌아가고 있는지 이야기할 때 재미있는 활동을 곁들여서 하면 온 가족이 균형을 이루며 즐길 수 있습니다. 이런 모임은 일정을 잡고 우선순위를 정해야 합니다. 안 그러면 이런 모임을 가질 수 없습니다.(가족과 함께 즐길 다양한 활동에 관해서는 3부, '주제: 가족 모임'을 보세요.)

꼬리표, 비교, 잘못 지적하기

꼬리표는 상자와 파일에 붙이는 것입니다. 꼬리표는 살아 있는 것이 아닌 물건을 분류하는 데에는 효과가 있지만 엄마, 아빠, 그리고 아이의 살아 있고 늘 변화하는 특성은 정확하게 나타내지 못합니다. 불행하게도 우리 대부분은 사람들에게 꼬리표 붙이는 것을 배우며 자라났습니다. 우리는 아무 생각 없이 이런 말을 합니다. "저 사람은 시끄러워." "저이는 얄미워." "그 사람은 적절치 못한 행동을 했어." "너 무례하구나." "난 너무 민감해." 부모와 친척들은 아기가 잠을 잘 자고 아무도 귀찮게 하지 않으면 "아이가 착하다."라고, 보채면 "아이가 짜증을 잘 낸다."라고 판에 박은 듯 규정하곤 합니다. 우리가 아장아장 걸을 때쯤, 부모가 "착한 아이가 되어라!"라고 말하면 그건 "조용히 하고 시키는 대로 해라. 다른 사람을 성가시게 하지 마라!"라는 뜻이라는 것을 압니다.

사람이 살아 있고 성장하고 변화하는 존재라기보다는 마치 무슨 물건인 것처럼 꼬리표를 붙이는 일이 너무나도 습관이 되어버려서, 여러분이 또는 다른 사람이 그렇게 하고 있는 것을 알아차리지 못할 수도 있습니다. 쇼핑몰에 한 시간쯤 앉아서 사람들이 나누는 대화를 듣거나 대부분의 텔레비전 프로그램을 보면, 사람들이 얼마나 자주 다른 사람의 행동을 요약하고 꼬리표를 사용해서 분류하는지 들릴 겁니다.

꼬리표는 정확하지 않고 마음을 다치게 할 뿐 아니라, 말이 씨가 되게 만드는 수도 있습니다.

만약 자녀가 일상에서 해야 할 자질구레한 일들을 여러분이 원하는 방식대로 하지 않았다는 이유로 아이에게 게으르다고 말하면, 아이는 자기는 게으르다고 믿게 되어 그에 걸맞은 행동을 하게 될 겁니다. '왜 굳이 노력해야 하지? 내가 그렇게 보인다고 하니, 아마도 난 그런 사람인가보다.'

자녀는 또 자기가 어떤 사람인지 자기한테 말해줄 권한을 다른 사람(이 경우에는 부모)에게 넘겨주는 걸 배우고 있습니다. 그런 아이는 그 권한을 자기 또래에게 그리고 우리 주변 어디에나 있는 광고 산업에 넘겨줄 가능성이 있습니다. 광고 산업은 사람들에게 당신은 어떤 식으로든 부족하니 지금보다 나은 무언가가 되려면 제품을 사서 쓸 필요가 있다고 말할 권한을 그 사람들에게서 넘겨받아 번창하지요. 정당성과 정체성을 자기 자신이 아닌 외부에서 찾으면 나이와 상관없이 자기 가치와 자기 확신에 대한 감각이 약해집니다.

자녀들을 서로 비교하는 것은 아이 자존감에 추가로 타격을 가하는 것입니다. "넌 왜 형처럼 나눠 갖지 못하는 거니? 형은 아주 너그러운데 말이야." "너도 누나처럼 모범생이라면 좋을 텐데. 누나는 반에서 공부를 제일 잘하잖아." 이런 비교는 자기 인정이라는 전구에 불을 밝히고 자녀 행동을 변화시키기보다는 적대감, 시기심, 단절감, 낙담 또는 반항심을 촉발합니다. 왜냐하면 지금 그대로의 방식대로 다른 사람에게 보이고 존중받고 수용되고 싶은 아이 욕구가 충족되지 않기 때문입니다.

부모가 할 수 있는 일 : 평가하거나 지적하지 말고 자신을 솔직하게 표현하자

자녀에게 착하다, 못됐다, 게으르다, 부지런하다, 똑똑하다, 바보 같다고 꼬리표를 붙이는 대신, 아이가 하는 행동을 명확하게 관찰하고(꼬리표를 붙이거나 평가하지 않으면서) 그것이 당신에게 어떤 영향을 미치는가를 아이와 함께 나누세요. 아들에게 무책임하다고 말하는 대신 꼬리표를 떼고, 그렇게 말하고 싶게 만든, 여러분이 본 행동에 대해 이야기하세요. 예컨대 아들이 아침에 깜빡 잊고 점심 도시락을 가져가지 않거나, 코트를 학교에 두고 오거나, 숙제하는 걸 잊을 수 있겠지요. 이제 여러분은 아들이 아는 일에 대해 아들과 함께 이야기할 수 있습니다.

딸이 매일 저녁 개에게 밥을 주기로 합의했는데 하지 않는 것을 보고 무심하다고 말하는 대신 관찰로 이렇게 말할 수 있습니다. "지난주에 7일 중 나흘은 일깨워주지 않아도 네가 저녁에 개에게 밥을 준 걸 봤어. 고마워. 합의한 것을 모두가 지키고 집안일을 함께 하는 것을 볼 때 난 몹시 기뻐." 그런 다음, 다른 날에는 개에게 먹을 것을 주라고 일깨워주었던 것을 관찰하면서 어떻게 느꼈는지 이야기할 수 있습니다. "지난 주 사흘은 내가 일깨워주고 나서야 개에게 먹을 것을 주는 걸 보고 걱정됐어. 내가 너에게 일깨워주지 않더라도 매일 저녁 개가 밥을 먹고 있을 거라고 믿고 싶거든. 매일 저녁 개에게 밥 주는 걸 기억할 방법을 생각해볼 수 있겠니?" 지금 당장은 자녀에게 일깨워주는 것이 최상의 방법일 수 있습니다. 그러나 무심하다, 게으르다, 무책임하다고 아이를 비난하기보다는 이렇게 존중하는 방식으로 가능성을 탐색해보게 하는 쪽이 기꺼이 협력할 마음을 가지게 할 가능성이 훨씬 큽니다

상과 벌

상과 벌은 지배하는 힘을 쓰는 부모 노릇에서 지불하는 표준 요금입니다. 사실 당장의 목표가 아이가 하고 싶지 않은 것을 하게 만들려

는 것일 때에는 상과 벌은 불가피한 수단입니다. 상과 벌은 존중과 협력의 반대이고, 그래서 끝없는 힘겨루기를 낳습니다.

다음 항목들은 상이든 벌이든 모두 비싼 비용을 치러야 한다는 것을 보여줍니다.

- 상과 벌은 자녀의 안전감과 신뢰감을 무너뜨린다.
- 상과 벌은 자녀가 마음속으로 그 일이 가치 있다고 생각해서 하기보다는 상을 받고 벌을 받지 않기 위해 하도록 만든다.
- 상과 벌은 부모가 요청한 일을 하면서 자녀가 느낄 수 있는 즐거움을 빼앗는다.
- 상과 벌은 부모와 협력하고 싶은 자녀의 바람을 빼앗는다.
- 상과 벌은 자기가 원하는 것을 얻기 위해 다른 사람에게 상과 벌을 주라고 가르치다.

부모가 바라는 일을 자녀에게 강제로 시키기 위해 상이나 벌을 쓰지 않겠다고 결심하는 것이 곧 아이가 어떤 행동이든 다 하도록 내버려둔다거나 여러분이 필요로 하는 것을 포기하라는 뜻은 아닙니다. 서로 존중하는 상호작용이란 각자의 욕구가 모두 소중히 여겨지고, 최대한 많은 욕구를 충족하겠다는 의도로 그것들이 고려되어야 한다는 뜻입니다.

'벌주기 위해 vs. 보호하기 위해' 쓰는 힘

여러분이 소중히 여기는 사람들이나 사물을 보호하기 위해 힘을 써야 할 때가 있습니다.

아이가 책을 찢기 시작하면, 어떻게든 아이를 붙잡고 진정시켜서 함께 이야기할 수 있을 때까지 기다려야 합니다. 이런 경우, 힘은 잘못된 행동을 하는 사람을 벌주려는 것이 아니라, 여러분이 소중히 여기는 무언가를 보호할 목적으로 사용됩니다. 아이에게 ("책을 함부로 다루면 안 돼. 그건 좋지 않아."라고) 설교하는 대신, 먼저 공감해줄 수 있습니다. 이때 말로 공감할 수도 있고 침묵으로 공감할 수도 있습니다.(아이가 얼마나 화가 나 있는지, 아이가 몇 살인지, 그리고 어떻게 하면 가장 잘 연결될 수 있다고 당신이 생각하는지에 달려 있겠지요.) "뭐가 잘 안 돼서 속상해? 그래서 에너지를 좀 발산할 필요가 있니? 그렇다면 너나 이 책처럼 내가 아끼는 무언가를 해치지 않고도 발산할 수 있도록 내가 도와주고 싶어."

> 당신은 아이들에게 아무것도 시킬 수 없다. 당신이 할 수 있는 건, 아이가 '그렇게 할 걸' 하고 후회하도록 만드는 일뿐이다. 그런데 그러고 나면 아이들은, '괜히 그 애들을 후회하게 만들었다'며 당신을 후회하게 만든다.
> ▶마셜 로젠버그

여러분이 보내는 메시지에 비판이나 비난 또는 잘못 지적하기가 없다면, 그리고 모든 행동은 어떤 욕구를 충족하려는 시도라는 점을 여러분이 기억하고 있다면, 딸아이는 마음을 열고 자기가 책을 찢는 행동으로 충족하려고 했던 욕구에 관해 이야기할 겁니다. 자녀의 욕구를 알고 나면, 여러분은 아무것도 해치지 않으면서 아이 욕구를 충족시킬 다른 해법을 의논하기 위해 자녀와 협력할 수 있습니다.

여러분 목표가 딸이 저지른 잘못에 대해 고통을 주려는 것이라면 그 일에서 모두가 배움을 얻는 이런 대화는 할 수가 없습니다. 벌을 받게 될 거라고 생각하면, 아이는 마음을 닫아버리거나 아니면 두려움이나 분노, 후회, 낙담으로 걷잡을 수 없이 빠져들기 쉽습니다. 아이는 앞으로는 어떻게 다르게 할 수 있을까보다는 어떻게 하면 당신한테 앙갚음할까를 생각할 가능성이 큽니다. 그리고 당신의 초점이 벌주는 것에 가 있다면, 당신은 아이가 애초에 왜 그런 행동을 했는지 결코 알지 못할 테니, 아이는 앞으로도 계속해서 물건을 찢거나 할 겁니다. 딸이 자기가 물건을 부수면 어떤 일이 일어날지 두려워서가 아니라, 자기가 말을 하고 싶을 때에는 사람들이 자기 말에 귀 기울여주리라는 것을 알기 때문에 그런 행동을 멈추는 편이 더 좋지 않나요?

> 아이가 더 잘하게 만들려면 먼저 아이를 기분 나쁘게 만들어야 한다는 정신 나간 생각을 우리는 어디에서 얻었을까?
> ▶제인 넬슨 Jane Nelson

부모가 할 수 있는 일 : 자녀에게 무엇을 원하는지 분명히 하자

아이에게서 무언가를 원할 때에는 다음 두 가지를 스스로에게 물어보세요.

나는 내 아이가 무엇을 하기를 바라는가?

나는 내 아이가 어떤 동기에서 내가 바라는 행동을 하기를 바라는가? 죄책감, 수치심, 벌 받을 것이 두렵거나 상을 받고 싶어서인가, 아니면 아이 자신과 가족의 행복에 참여하고 기여하고 싶어서인가?

주의: 자녀가 죄책감이나 수치심 때문에, 또는 벌 받을까봐 두렵거나 상을 받고 싶어서 무언가를 할 때 여러분은 비싼 대가를 치르게 됩니다. 죄책감이나 수치심, 벌은 종종 분노와 복수심을 일으킵니다. 또 상은 중독과 매우 비슷한 행동을 유발해서, 여러분이 원하는 순종을 얻으려면 계속해서 더 큰 상을 주어야 합니다.

결정: 죄책감, 수치심, 분노, 복수심을 일으키고 더 큰 상을 주겠다며 거래하는 식으로 아이와 상호작용하는 것이 나에게 가치 있는 일인가?

생각하고 소통하는 습관

여러분 목표가 존중하는 마음으로 자녀와 연결하는 것일 때조차도, 습관화된 방식으로 자녀와 말하고 듣는 것은 방해가 될 수 있습니다. 이 책 전체에서 우리는 갈등에 기름을 붓는 소통과, 갈등을 진정시키고 협력을 촉진하는 소통을 구별할 겁니다.

> 지옥에 대한 두려움에 바탕을 둔 행동을 윤리적이라고 할 수 있을지 아니면 그저 비겁한 것이라고 해야 할지는 아직 해결되지 않은 문제다.
> ▶마거릿 미드 Margaret Mead

 말을 할 때, 특히 '하지만'과 '해야만 한다'라는 두 단어를 사용하는 것은 자녀가 여러분 말에 대응하는 방식에 아주 큰 영향을 끼칩니다. 이 두 가지 말을 얼마나 자주 사용하는지, 그리고 여러분이 이 말을 사용할 때 자녀가 어떻게 반응하는지 눈여겨보시기 바랍니다.

 여러분이 다음과 같은 메시지를 듣고 있는 아이라고 상상해보세요. "너랑 게임하면서 정말 재미있었어. 하지만……" 다음에 무슨 말이 나올지 아이는 정확하게 압니다. 뭔가 다르게 말했어야 했다는 말이겠지요. 그런데 아이는 여러분이 한 말 중에서 오직 그 말만 뇌에 등록해놓습니다. '하지만'이라는 말은 지우개입니다. 그 전에 했던 말은 모조리 지워버리니까요.

 '해야만 한다'라는 말은 훨씬 더 위험합니다. '해야 해', '하지 않으면 안 돼', '반드시 해야 해' 등 표현이야 어떻든 '해야만 한다'라는 말을 사용할 때, 실제로는 이렇게 말하고 있는 겁니다. "널 위해 무엇이 최선인지는 내가 알아. 그러니 그것에 대해 네가 무슨 생각을 하고 어떤 느낌이 드는지 너 스스로 확인할 필요 없어. 무엇을 할지는 내가 말해줄 거야." 부모의 강요만큼 아이를 고통에 빠뜨리는 것은 없습니다. 강요나 명령을 들으면, 아이는 두려움과 불안이 자극을 받고 뇌에서 추론을 관장하는 센터가 닫혀버려서 투쟁, 회피, 얼어붙음 모드로 들어갑니다. 이럴 때 아이가 완강하게 고집 부리거나, 여러분을 무시하거나, 아니면 단절해버렸던 경험이 틀림없이 있을 겁니다.

'해야만 한다'라는 말은 또 아이가 무엇이 '되어야' 하는가에 대해 여러분이 가지고 있는 이상이나 기대를 아이에게 전달하는 것이기도 합니다. 아이가 어떻게 되어야 한다는 이상이나 기대에 집착하고 있으면, 아이가 표현하려는 것을 놓치기 쉽습니다. 그러면 자기 존재를 알리고 싶고 말하고 싶으며, 수용받고 싶고 안전하다고 느끼고 싶은 아이의 깊은 욕구는 충족되지 못할 겁니다.

여러분이 얼마나 화를 많이 내는가는 여러분 마음속에 '해야만 한다'라는 생각이 얼마나 많은가에 달렸습니다. 화나 다른 불쾌한 느낌과 감정을 일으키는 것은 다른 사람의 행동이 아니라, 바로 이 '해야만 한다는 생각should thinking'입니다. 여러분이 보고 듣는 것이 일은 어떻게 해야 한다는 여러분 생각과 일치하지 않을 때, 이상과 실제의 차이가 여러분 감정에 방아쇠를 당깁니다. 그럴 때 '해야만 한다는 생각'은 다른 사람을 비난하고 비판하고 창피를 주라고 몰아갑니다.(비난이나 비판, 수치심이 반대로 당신 자신을 향할 수도 있는데, 그럴 때에는 우울해집니다.) 부모와 자녀 사이에 분노와 갈등, 공격을 일으키는 '해야만 한다는 생각'은 또한 집단 사이, 정당 사이, 그리고 전 세계 국가들 사이에도 고통과 공격을 일으킵니다.(해야만 한다는 생각에 대해 더 알고 싶으면, 3부, '주제: 삶을 풍요롭게 하는 연습' 중 분노 변형시키기를 보세요.)

부모가 할 수 있는 일 : 존중하는 말을 하자

존중 어린 연결과 협력을 촉진하는 또 다른 소통 도구는 이 책 전체에서 찾아볼 수 있으며, 특히 열쇠 5에서 자세히 다루고 탐구하고 있습니다.

요약

1부를 구성하는 세 개의 장에서, 부모 역할을 하며 계속해서 성장할 수 있도록 통찰과 영감, 용기를 얻으셨기를 바랍니다. 우리가 말하고 싶은 요점은 다음과 같습니다. (1) 자녀는 부모가 말하는 것과 자기들에게 가르치는 것보다는 지금 그대로의 부모 모습과 행동에서 배운다. (2) 자녀는 부모가 자기한테 존중과 협력을 보여주면 대개 같은 방법으로 응답한다. (3) 부모 욕구와 자녀 욕구는 똑같이 중요하다. (4) 부모는 갈등에 기름을 붓는 습관에서 갈등을 진정시키고 해결하는 습관으로 바꿀 수 있다. 이 장에서 얻은 토대와 근본 구조를 가지고서, 이제 우리는 존중하는 부모 역할을 위한 7개 열쇠로 나아갑니다. 이 열쇠로 갈등을 협력으로 바꾸고 부모와 자녀가 함께 사는 것을 즐길 수 있는 집의 문을 여는 방법을 보여드리겠습니다.

Part 2

협력을 위한 7개 열쇠

협력을 위한 7개 열쇠

2부를 구성하는 7개 열쇠는 집을 '노폴트 존 No-Fault Zone', 즉 가족 모두의 욕구를 똑같이 소중히 여기고, 꾸짖거나 상과 벌을 주는 대신 욕구를 충족하기 위해 최선을 다하는 곳으로 만들 수 있는 부모의 능력을 점차 키워줍니다.

열쇠 1 : 여러분이 부모 역할을 하는 가장 깊은 이유와 자녀를 위해 가장 깊이 바라는 것이 일치하도록 해줍니다.

열쇠 2 : 아이들은 왜 그런 식으로 행동할까라는 수수께끼를 풀어주고, 욕구에 초점을 둔 부모 역할 방법을 소개합니다.

열쇠 3 : 신체적 정서적 안전이 자녀 발달 과정에서 결정적인 역할을 한다는 것을 과학 연구를 인용하여 확인해주고, 그것을 어떻게 제공할지 보여줍니다.

열쇠 4 : 자녀가 주는 선물을 알아보고, 그것을 감사하게 받으며, 서로 주고받는 흐름을 북돋우도록 여러분을 초대합니다.

열쇠 5 : 모든 비판과 비난을 어떻게 욕구를 존중하는 표현으로 바꿀 수 있는지를 보여주면서, 비폭력대화로 여러분을 안내합니다.

열쇠 6 : 일을 하는 데에는 많은 방법이 있고, 욕구를 충족할 해법도 많다는 확신을 가지고서, 아이와 함께 탐구하고 조사하며 함께 만들어가기를 권합니다.

열쇠 7 : 갈등의 진짜 뿌리와, 갈등 상황을 가슴에서 우러나는 연결로 바꾸기 위해 부모가 선택할 수 있는 길을 보여줍니다.

열쇠 1

목적을 가진 부모

핵심 개념

- 자신의 목적을 선택하자.
- 자신의 목적과 일치하는 생각을 선택하자.
- 자신의 목적과 일치하는 행동을 선택하자.
- 자신의 목적과 일치하도록 말하고 듣기를 선택하자.
- 자녀의 선택을 북돋아주자.

부모를 위한 매우 중요한 세 가지 질문:

나에게는 무엇이 중요한가?

나는 무엇을 위해 부모 역할을 하는가?

나는 어떤 의도를 가지고 아이와 상호작용하는가?

당신이 세상의 변화를 원한다면
당신이 먼저 변해야 한다.
▶ 간디|Gandhi

삶의 속도가 점점 빨라지면서, 모든 사람은 매달릴 수 있는 확실한 무언가를 필요로 합니다. 평형수와 나침반이 그것이지요. 평형수는 성난 파도에도 흔들리지 않게 해줄 것이고, 나침반은 여러분이 날마다 직면하는, 현기증 날 만큼 줄지어 서 있는 것들 가운데서 무엇을 선택할지 안내해줄 겁니다. 여러분이 그 일을 하고 있는 목적이 무엇인지, 무엇을 '위해' 선택하고 있는지 알 필요가 있습니다.

자녀 또한 유행과 광고, 그리고 끊임없이 바뀌는 '꼭 가져야 하는 것들'이 부추기는 선택들의 은하를 스스로 항해할 필요가 있습니다. 그들에게는 또 삶이 거칠게 요동칠 때면 닻을 내릴 고요한 모항도 필요합니다.

부모 역할을 비롯해 자기 삶의 의미와 목적을 분명히 아는 부모는 자녀에게 안정·안심·안전을 제공하고, 자기만의 북극성을 찾는 방법을 안내하고, 자녀가 꼭 필요로 하는 욕구를 충족하도록 도울 수 있습니다.

자신의 목적을 선택하자

더 열심히 일하고, 더 많이 성취하고, 더 많이 가지라는 압박이 사상 최고 수준입니다. 엄마들, 아빠들, 그리고 아이들 역시 뒤처지지 않고 따라가려고 속도를 올리고 있습니다. 이 말은 자동조종장치를 작동시키는 시간이 더 많아지고 있다는 뜻이며, 일종의 위기 모드 속에서 상황에 재빨리 자동 반응하고 있다는 뜻입니다. 산불이나 홍수 또는 사고가 발생했을 때처럼 진짜 위험이 있을 때에는 위기 모드가 반드시 필요합니다. 이렇게 위험할 때에는 기민하게 대응하도록 몸에서 아드레날린이 분비됩니다. 여러분의 안전과 생명이 이 자동 반응에 달려 있습니다.

과거에는 위기가 이따금씩 발생했습니다. 그러나 오늘날에는 삶의 속도, 높은 성과 기준, 뉴스 미디어, SNS 등이 결합되어 부모뿐 아니라 아이들까지도 나날의 삶 속에서 위기의식이 높아지고 있습니다. 요컨대, 많은 가정이 위기 과부하로 고통 받고 있다는 말입니다. 스트레스를 받은 부모가 자녀에게 누기를 띠며 빽 소리치면 아이도 되받아칩니다(아니면 완강하게 버티며 방에 틀어박혀서 나오지 않지요). 부모와 자녀가 위기 과부하일 때, 가족의 삶은 서로 비난을 주고받으며 말다툼이 끊이지 않는 싸움터가 됩니다.

여러분이 만약 자동조종장치를 켜놓고 있다면, 어쩌면 자신이 상황의 희생자라고 느낄지도 모르겠습니다. 그저 하루하루를 견디기 위해 최선을 다하고, 그러는 내내 위기와 갈등에 기름을 붓는 습관화된 방식으로 생각하고 말하고 들으면서 말입니다. 위기 모드 속에 있으면, 대응 방식을 매 순간 스스로 선택할 수 있다는 사실을 알아채기

책임감은 아이들에게 발언권을 허용하고 그들에게 영향을 주는 문제에서 아이도 선택할 수 있다고 알려주는 곳이면 어디서나 길러진다.
▸ 하임 기너트 Haim Ginott

힘듭니다.

그래도 아침부터 밤까지 우리는 각자 어떻게 행동할지, 어떻게 말할지, 어떻게 들을지를 선택하고 있습니다. 그뿐이 아닙니다. 우리 내면의 삶을 연구하는 사람들은 우리가 어떻게 생각할지도 적극적으로 선택한다는 강력한 증거를 수집해왔습니다.[1] 바로 그렇기 때문에 우리 각자가 무엇을 '위해' 선택하고 있는지를 아는 것이 매우 중요합니다. 우리가 무엇을 위해 선택하고 있는지 알고 자신이 어떤 선택을 하고 있는지 알아차릴 때, 우리들 한 사람 한 사람이 자기 선택에 도움이 되는 방식으로 삶에 대응하는 능력을 향상시킵니다. 자신이 부모 역할을 하는 목적을 분명하게 알면, 그 목적이 여러분을 안내해줄 겁니다.

자신의 목적을 분명히 하자

무엇보다도, 우리 각자에게 가장 중요한 단계는 우리가 무엇을 원하며 무엇을 위해 부모 역할을 하고 있는지를 결정하는 것입니다. 다음 세 가지 연습은 부모 역할을 하는 목적을 분명히 알도록 도와줄 겁니다. 연습을 하면서 나 자신에 대해 무엇을 발견하는지 보는 시간

---

1 리처드 칼슨 Richard Carlson, 『우리는 사소한 것에 목숨을 건다』. J. 크리슈나무르티 Krishnamurti, 『아는 것으로부터의 자유』.

을 가지시기 바랍니다.

> **연습 1** - 길게 볼 때 내가 원하는 건 무엇인가?

길게 놓고 보면 현재의 행동을 전체적인 시각에서 볼 수 있고, 대개는 자신에게 가장 중요한 것에 더 정확하게 초점을 맞출 수 있습니다. 두 가지 질문이 여러분이 부모 노릇을 하는 목적을 분명히 알게 해줄 수 있습니다.

두 가지 질문

내 아이가 어른이 되었을 때 나는 그에게서 어떤 품성을 보고 싶은가?

1.
2.
3.
4.
5.
6.
7.

지금 당장뿐만 아니라 길게 볼 때도, 나는 내 아이와 어떤 관계를 맺고 싶은가?

이 질문들과 그에 대한 나의 대답을 보면서 무엇을 알아차리나요?

> 연습 2 - 무엇을 할 것인가?

연습 1에서 적은, 성인이 된 아이에게서 보고 싶은 품성들을 검토해보시기 바랍니다. 그 목록을 자기 자신에게 적용해보면, 지금 여러분이 자녀에게 어떤 본보기가 되어주고 싶은지 더 분명하고 더 정확하게 보일 겁니다.

여러분이 가치 있다고 여기고 그래서 성인이 된 자녀에게서 보고 싶다고 목록에 적은 모든 품성 하나하나가, 뒤집어보면 여러분이 살고 싶은 품성이나 가치를 반영하는 것입니다. 예컨대 성인 자녀가 정직하기를 바란다는 답은, 뒤집으면 "나는 정직을 가치 있게 여겨, 나는 진실을 말하고 싶어."라고 말하는 것입니다. 자녀가 건강을 돌보기를 바란다면, "나는 건강을 가치 있게 여겨, 나는 내 건강을 돌보고 싶어."라고 말하는 것입니다. 이런 말이 여러분의 목적과 실천을 상기시켜줄 시금석이 될 수 있습니다.

가치 표현

1. 나는 _____ 가치 있게 여긴다.
2. 나는 _____ 가치 있게 여긴다.
3. 나는 _____ 가치 있게 여긴다.
4. 나는 _____ 가치 있게 여긴다.
5. 나는 _____ 가치 있게 여긴다.
6. 나는 _____ 가치 있게 여긴다.
7. 나는 _____ 가치 있게 여긴다.

의도 표현

1. 나는 _____ 하고 싶다.
2. 나는 _____ 하고 싶다.
3. 나는 _____ 하고 싶다.
4. 나는 _____ 하고 싶다.
5. 나는 _____ 하고 싶다.
6. 나는 _____ 하고 싶다.
7. 나는 _____ 하고 싶다.

이번에는, 좀 더 구체적으로 어떤 행동을 하면 여러분이 표현한 가치와 의도대로 살 수 있을지 적어보세요.

내가 취하고 싶은 구체적인 행동

1.
2.
3.
4.
5.
6.
7.

함께 탐구하기 　**자신의 목적을 선택하자**

앞의 연습 1과 연습 2는 8세 이상 아이들이 자신의 목적을 찾도록 돕는 데 사용될 수 있습니다. 어린아이들, 또는 가족 중 누구라도 그들이 미래의 자기를 어떻게 보는지, 그들에게는 무엇이 중요한지, 그리고 자신의 가치대로 살아가기 위해서 어떤 행동을 취할 수 있는지를 콜라주나 드로잉으로 표현할 수 있습니다.

> 사유와 사고가 점점 더 자동화될수록, 특정한 상황에서 통찰하기란 그만큼 더 힘들어진다.
> ▶데이비드 봄 David Bohm

가족 모두가 이런 활동을 끝마치면 가족 모임에서 그것을 나누세요.

선택 사항: 각자의 목적을 하나의 가족 콜라주나 사명 선언문, 시, 또는 그 밖의 다른 창조적인 구성으로 편집할 수 있습니다.(가족과 함께 즐길 수 있는 더 많은 활동에 대해서는 3부, '주제: 가족 모임'을 보세요.)

연습 3 - 무엇이 잘되고 있나?

의심할 여지 없이 여러분은 벌써 자기 의도에 기여하는 행동을 취하고 있겠지요. 다음 연습은 그 의도를 지원하고 원하는 결과를 만들어내기 위해 여러분이 이미 하고 있는, 잘되고 있는 것에 주의를 기울여보는 것입니다. 잘되고 있는 것을 알아주고 축하하는 것은 부모가 자신의 명료함, 자기 지지, 확신, 그리고 균형 잡힌 시각을 다지기 위해 사용할 수 있는, 강력하고 삶을 풍요롭게 하는 연습 가운데 하나입니다.

내 가치와 의도를 지원하기 위해 나는 지금 무엇을 하고 있는가?

1.
2.
3.
4.
5.
6.
7.

자신의 목적과 일치하는 생각을 선택하자

우리의 사고 과정이 우리가 무엇을 볼지, 무엇을 경험할지, 그리고 어떻게 행동할지를 결정합니다. 우리의 사고 과정은 세상과, 그리고 (우리 자신과 우리가 사랑하는 사람들을 포함하여) 그 안에 있는 모든 것과 우리의 상호작용을 걸러내고 틀 지웁니다. 여러분은, 내가 어떻게 내 생각을 선택한다는 말인가, 그건 그냥 일어나는 것 아닌가 하며

> 삶의 비밀은 세 단어다: 관계를 통해 변화하라.
> ▸ J. 크리슈나무르티

의아해할지도 모르겠습니다.

생각은 일어납니다. 그리고 매 순간 여러분은 자신이 어떤 생각을 초대해서 고려해볼지 선택합니다. 당신은 자신의 생각을 편집하는 사람이며, 그래서 부모 역할을 하고 있는 자기 목적을 지원하기 위해 자기 생각을 관리하는 법을 배울 수 있습니다.

누가 옳고 누가 그른가, 무엇이 공정하고 무엇이 공정하지 않은가, 누가 나쁘고 누가 좋은가라는 생각에 초점이 가 있는 사람이라면 누구라도 분석하고 판단하고 비난하고 비판하는 데 귀중한 시간과 에너지를 쓸 수밖에 없습니다. 분석하기, 판단하기, 비난하기, 비판하기에 에너지를 쓸 때, 당신은 어떤 의미에서는 갈등에 표를 주고 있는 겁니다. 그 결과 충돌에 대비하는 자세를 취함으로써, 그쪽으로 주의가 분산되어 자녀가 행동으로 표현하고 있는 욕구를 이해하고 충족시켜주는 데까지 이르지 못합니다.

만약 남이 나에게 무언가를 하고 있다는 생각을 품고 있다면 – 예컨대 아이가(또는 다른 누군가가) 나를 '조종하고 있다', 나를 '이용하고 있다', 나를 '무시하고 있다', 나를 '존중하지 않고 있다'라는 생각을 품고 있다면 – 종종 불쾌하고 짜증 나고 화가 날 겁니다. 그러지 않고 어떤 행동이든 그 뒤에는 여러분과 여러분 자녀가 충족하려고 하는 욕구가 있다는 관점에서 생각한다면, 연민과 연결을 더 많이 느낄 것 같습니다. 그리고 여러분의 행복뿐 아니라 자녀의 행복에도 도움이

> **유전자보다 환경이 중요하다**
>
> 후성유전학 epigenetics* 이라는 새로운 분야는 환경 신호가 유전자 활동에 어떻게 영향을 미치고 심지어는 통제까지 하는지를 연구한다. 후성유전학은 세포가 작동하는 것은 주로 유전자 암호보다는 세포와 환경의 상호작용에 영향을 받으며 형성된다고 주장한다. 가족 사이의 상호작용과 부모가 보여주는 행동, 믿음, 태도로 이루어진 한 아이의 환경은 아이의 전 생애에 걸쳐 잠재의식과 행동에 직접 영향을 끼친다. 왜냐하면 아이의 잠재의식이 부모 말에 쉽게 영향을 받고 잠재의식은 모든 정보를 사실로 받아들이기 때문이다. 부모가 아이에게, "넌 게을러." 또는 "넌 못됐어." 같은 말을 하면 이런 말이 잠재의식에 진실로서 다운로드된 다음 (그것들을 다시 프로그램화하는 노력을 하지 않는 한) 전 생애에 걸쳐 아이의 행동과 잠재 가능성을 형성한다.**
>
> • 브루스 립튼 Bruce H. Lipton, 『당신의 주인은 DNA가 아니다 The Biology of Belief』
> •• 후성유전학: DNA 염기 서열이 우리의 운명을 결정한다는 유전적 결정론을 무너뜨리는 생물학의 혁명적 분야. 영양 공급, 스트레스, 감정 등 환경적 영향이 DNA 청사진을 바꾸지 않고도 유전자를 변화시킬 수 있으며, 이 변화가 부모에서 자손으로 전달될 수 있다고 한다.(브루스 립튼, 『당신의 주인은 DNA가 아니다』 p.84~85)-옮긴이

되는 행동을 취할 가능성이 훨씬 더 커지겠지요.

자녀에 대해 여러분이 어떤 생각을 가지고 있느냐에 따라 아이를 어떻게 볼지 그리고 어떻게 대할지가 결정됩니다. 아이를 믿을 수 없다고 본다면, 그 아이가 자기 의사를 결정하고 신뢰에 대해 배울 기회를 제한하려 하겠지요. 게다가, 아이에게 "넌 믿을 수가 없구나."라고 말하면, 아이는 아마 그 메시지를 가슴에 담아둘 겁니다.(앞의 상자 글을 보세요.) 그러지 않고 아이가 자기 삶을 잘 헤쳐갈 수 있다고 본다

면, 여러분은 자신이 아이를 믿고 있다는 것을 아이에게 전달하고, 존중하는 마음으로 자녀를 대할 것이며, 아이가 자기 자신을 위해 결정할 기회를 많이 줄 겁니다. 자녀를 위해 무엇이 최선일지 상상해보세요. 그리고 확신이라는 당신 선물을 아이에게 주세요.

자신의 목적과 일치하는 행동을 선택하자

자녀는 부모 행동을 보면서 가장 많이 배웁니다. 여러분이 자신의 목적과 일치하는 행동, 즉 자신이 원하는 곳으로 갈 수 있는 행동을 취하면, 아이는 부모의 그런 능력을 보면서 자기가 가고 싶은 곳에 가려면 어떤 선택을 하면 좋을지에 대해 가장 많이 배우게 될 겁니다.

스트레스가 많은 이 시대에 부모가 할 중요한 행위는 모든 것을 다 할 수는 없다는 점을 인정하는 것입니다. 하루는 몇 시간, 일주일은 며칠, 일 년은 몇 주로 제한되어 있으니까요. 많은 부모들은 자기가 해야 할 활동과 전념해야 할 일이 이미 넘치도록 예정되어 있는데, 거기에 자녀들을 위한 학교와 사회의 요구와 활동까지 더해야 합니다. 이런 원심력이 아이들을, 그들만의 동력과 관심 그리고 점점 늘어가는 소비자 선택지를 가진 그들만의 작은 위성 세계로 몰아갑니다.

가족이 함께하는 시간이 여러분에게 중요하다면, 여러분이 집 밖에서 하고 싶은 모든 활동을 잘 살펴서, 그것들이 이 어려운 시간을 내서 가족과 함께하려는 여러분에게 도움이 되는 일인지 결정할 필요가 있습니다. 가족의 삶을 지키기 위해 자녀가 어릴 때 어려운 선택을 하세요. 여러분의 창조성을 활용해서 가족끼리 상호작용하며 재미있게 그리고 의미 있게 참여할 수 있도록 하세요. 그러면 아이도 가족과 함께하는 시간을 손꼽아 기다릴 겁니다.

여러분이 부모 노릇을 하는 목적에 바탕을 두고, 다음 두 가지 질문에 답하세요.

당신의 목적에 가장 알맞은 활동은 무엇인가요?

어떤 활동이 그렇지 않은가요?

자신의 목적과 일치하도록 말하고 듣기를 선택하자

여러분이 귀 기울여 듣는 방식이 여러분이 하고 있는 모든 상호작용이 탐구와 토론이 될지 아니면 논쟁과 싸움이 될지를 결정합니다. 자녀 말에 귀 기울일 때, 여러분은 무엇을 들으려고 귀를 기울이고 있나요? 아이의 잘못, 실수, 잘못된 판단을 들으려고 하나요, 아니면 아이와 아이가 겪는 어려움을 분명히 알고 더 잘 이해할 수 있게 해줄 정보를 들으려고 하나요? 여러분은 열려 있고 수용하는 태도로 듣고 있나요, 아니면 문제를 당신 개인의 것으로 받아들여서 방어하려는 경향이 있나요? 당신이 듣기에 유쾌하지 않은 생각을 들을 때 방아쇠를 당기고 발사할 준비가 되어 있나요, 아니면 당신 생각과는 다른 생각을 존중과 호기심을 가지고 들을 수 있나요? 귀 기울인다는 것은 당신이 말할 차례가 돌아올 때까지 잠자코 있는다는 뜻인가요, 아니면 상대방 관점에서는 사물을 어떻게 보는지 들으려고 말 없이 적극적으로 시도한다는 뜻인가요?

어떻게 들을지는 여러분이 선택할 수 있습니다. 스스로 듣지 않고 있다는 생각이 든다면, 그건 어쩌면 당신이 몹시 슬프고 상처 입었고 낙담하고 불안하며 좌절하고 화가 나 있기 때문일 것이며, 그건 자기 공감을 하거나 당신에게 귀 기울여줄 사람을 찾을 필요가 있다는 뜻입니다. 부모가 강렬한 감정으로 가득 차 있을

> 우리 세대에 일어난 가장 위대한 혁명은 인간 혁명이다. 이들은 자기 정신의 내적 태도를 변화시킴으로써 자기 삶의 외면을 변화시킬 수 있다.
> ▶ 메릴린 퍼거슨 Marilyn Ferguson

때에는 자녀 말에 귀 기울여주기가 어렵습니다. 그런 강렬한 감정을 느끼는 데 대한 책임은 여러분에게 있습니다. 여러분 말을 들어줄 수 있는 사람을 찾아보세요. 그러면 이윽고 아이 말을 들어줄 수 있습니다.(공감과 자기 공감에 대해 더 알고 싶으면, 열쇠 5를 보세요.)

습관화된 말하기 방식은 존중과 협력을 이루어가는 과정에 종종 방해가 됩니다. 집에서든 다른 어디에서든 마찬가지지요. 우리에게 익숙한 이런 소통 방식은, 가족 간에 매일 일어나는 갈등을 포함하여, 세상에 엄청나게 많은 고통을 일으킵니다.

다음은 이런 소통 방식이 공통으로 가지고 있는 특징입니다.

- **꼬리표 달기**: 너 정말 못됐어. 저 사람은 사람들을 쥐고 흔들어. 저이는 바보야. 난 게을러.
- **판단하기**: 내가 옳아. 네가 틀렸어. 우린 착해. 저 사람들이 나빠.
- **비난하기**: 저 사람 잘못이야. 넌 했어야 해. 내 잘못이다.
- **선택을 인정하지 않기**: 넌 해야만 해. 넌 그럴 수 없어. 그들이 나한테 시켰어.
- **강요하기**: 내가 시키는 대로 하지 않으면 후회하게 될 거야.

열쇠 5에서 말을 사용하는 다른 방식을 소개할 겁니다. 꼬리표 달고, 판단하고, 비난하고, 강요하는 대신 느낌과 욕구에 초점을 맞춰 선택할 수 있게 하는 방식입니다.

선택에 관한 진실을 말하자

한 어머니가 아이에게 이렇게 말합니다. "지금 당장 옷 입어야 해." 딸이 옷을 입지 않고 침대에서 계속 뛰는 동안에도 어머니는 계속해서 일깨워줍니다. 분명한 것은, 아이가 꼭 옷을 '입어야 할' 필요가 없다는 겁니다. 더 정확하게는, 옷을 입지 않으면 그에 따른 결과가 있겠지요.

부모들은 자기 삶에 대해서도 같은 방식으로 말합니다. "난 티미를 학교에 데려다주어야만 해." "학교가 끝나면 켈리를 데려와야만 해." "운동하러 가야 돼." "일하러 가야만 해." "저녁 준비를 해야 해." "쇼핑하러 가야 해." 이런 말을 할 때면 어떤 느낌이 드시나요? 부모가 얼마나 많은 일을 '해야만 하는지'를 들을 때 자녀는 삶에 대해 어떤 메시지를 받을까요? 진실은, 그런 일들 가운데 꼭 해야만 하는 것은 아무것도 없다는 것입니다. 어떤 선택을 하든, 그냥 그에 따른 결과가 있을 따름이지요.

당신 자신과 아이에게 선택에 관한 진실을 말하는 것을 고려해보세요. "난 건강에 더 좋은 음식을 먹어야만 해.", 또는 "더 많이 쉬어야만 해.", 또는 '더 재미있게 살아야 되는데.', 또는 '습관화된 반응을 하지 말고 아이 말에 그저 귀 기울여주어야 하는데.' 같은 말이나 생각을 하고 있는 당신을 발견하면, 스스로에게 이렇게 물어보세요. 이것은 내가 원하는 일일까, 아니면 내가 원한다고 믿도록 조건 지어져 있는 일일까? 그 일을 하고 싶다면 그에 관한 진실을 자신에게 말하세요. "나는 건강에 더 좋은 음식을 먹고 싶어." "나는 더 많이 쉬는 쪽을 선택한다." "나는 좀 더 재미있게 살고 싶어." "내가 정말로 원하는 건, 습관화된 반응을 하지 않고 아이 말에 귀 기울여주는 거야." 선택에 관한 진실을 스스로에게 말할 때 어떤 느낌이 드는지 눈여겨보세요.

> 혼자 탐구하기

자신이 어떤 선택을 하는지 분명히 알기 위해 '내가 선택하는 것' 목록을 만들어보세요. 이를테면 다음과 같은 것들이 포함될 수 있습니다. 내가 어떤 옷을 입는지, 무엇을 먹는지, 시간을 어떻게 쓰는지, 시간을 누구와 함께 보내는지, 돈을 어떻게 쓰는지.

그다음에는 '다른 사람들이 나를 위해 선택하는 것' 목록을 만들어보세요. 다른 사람들에는 부모님, 가족, 고용주, 공동체, 교회, 정부 등이 포함됩니다. 목록을 다 만들면, 써놓은 항목을 하나하나 보면서, 주어진 상황에서 당신이 실제로 그것을 선택할지 어떨지 잠시 생각해보는 시간을 가지세요. 예를 들어 당신의 휴일을 어떻게 보낼지를 부모님이 결정하신다고 써놓았다면, 부모님 생각대로 따를 건지 아니면 다른 일을 할 건지 선택할 수 있습니다.

 **나는 무엇을 선택하는가?**

가정에서 저마다 '내가 선택하는 것'과 '다른 사람들이 나를 위해 선택하는 것' 목록을 만듭니다. 그 목록들을 보고 알아차린 것과, 이 활동을 하는 동안 일어난 느낌들을 함께 나누어보세요.

자녀의 선택 북돋아주기를 선택하자

집에서 갈등보다는 협력을 더 많이 할 수 있기 위해 여러분이 선택할 수 있는 행동 하나는 할 수 있을 때마다 아이 스스로 선택할 수 있도록 아이를 북돋아주는 겁니다. 스스로 선택하고 그로부터 배우는 교훈은 아이가 살아가면서 가질 수 있는 최고의 교사가 되어줄 겁니다. (부모 자신이나 아이 앞에 닥친) 큰 위험 앞에서 부모는 선택이라는 욕구를 간과합니다.

선택은 나이와 상관없이 인간 경험의 핵심입니다. 우리 나이가 몇 살이건 간에, 우리 자신의 목적과 믿음, 그리고 행동을 선택하고자 하는 이 깊은 바람 때문에 모든 집에서 다툼이 일어나고 저마다 그것을 지키려고 애를 씁니다. 아이들에게는 지극히 중요한 욕구인 자율성을 부모가 간과할 때에는 특히 더 그렇지요. 나이와 경험이 많아지면서 대개는 선택을 할 기회도 많아집니다. 갓난아기의 완전한 의존은,

나날이 그리고 점점 더 탄력을 받으면서 스스로 선택하고 싶은 열망에 길을 내줍니다. 언제 무엇을 먹고 싶은지, 언제 무엇을 탐구할지, 자기 자신을 언제 어떻게 표현할지 선택하고 싶은 열망에요. 성숙해 가는 과정이란 스스로 선택할 수 있는 능력을 키워가는 과정입니다. 그래서 어릴 때 선택을 하고 그로부터 배울 기회를 많이 가지는 것이 아이의 성장 발달에 매우 중요합니다.

선택의 여지가 없을 때 아이가 어떤 경험을 하게 되는지 제대로 인식하려면, 누군가가 여러분에게 "넌 그럴 수 없어!" "넌 해야만 해!" "내가 하라고 했으니 해!" "그거 하지 않으면 후회하게 될 거야!" 같은 말을 할 때 여러분이 어떻게 반응하는지를 눈여겨보면 됩니다. 협력을 원하시나요? 당신이 보내는 이런 메시지에 자녀도 같은 반응을 보일 거라고 단언할 수 있겠지요. 어쩌면 두 배나 강하게 반응할지도 모릅니다. 왜냐하면 아이에게는 그런 메시지에 익숙해질 수 있는 수십 년의 세월이 없었으니까요.

몇 가지 이유로 부모는 자녀에게 스스로 생각하고 행동할 기회를 주기보다는 아이를 대신해서 자기가 생각하고 행동합니다. 한 가지 이유는 부모가 모든 일이 특정한 방식으로, 다시 말해 깔끔하게 효율적으로 정확하게 행해지기를 바라기 때문입니다. 또 다른 이유는 아이 혼자 힘으로 하게 하려면 더 많은 시간과 인내심이 필요하기 때문입니다. 요즘 대부분의 부모들이 그러듯이 허둥대며 어쩔 줄 몰라 쩔쩔매다보면, 부모는 어떤 일이든 자기가 책임지고 해버리는 편이 더 쉽고 더 빠르다는 것을 알게 되지요.

아이를 대신해서 해주는 이 모든 생각과 행위가 아이가 선택하고 자기 뇌와 근육의 힘을 사용해서 일할 기회를 제한하며, 저항과 갈등을 만들어냅니다. 스스로 할 기회를 갖지 못하면 자기 스스로를 유능한 사람으로 보기가 어렵습니다.

우리가 아는 한 어머니는 자기 부모님에게서 이런 말을 들었던 걸 기억합니다. "오, 그런 건 믿지 마라! 그렇게 생각해선 안 돼!" 이분은 어릴 때 자기 의견을 혼자 간직하는 법을 배웠고, 성인이 되어서도 여전히 자기 의견을 누가 인정해 주겠냐며 의심합니다. 아이가 세상을 보는 방식을 그런 식으로 제한하면, 성인이 되어 살아갈 때 심각한 결과를 초래할 수 있습니다.

아이가 스스로 선택할 수 있는 범위를 알아차리도록 도와주고, 자기 삶에서 더 많은 것을 선택할 수 있다고 믿어주는 당신 마음을 전하세요. 선택하는 근육을 더 많이 훈련하고 어떤 것이 잘되는지 그 결과에 대해 배울 수 있게 하고, 자녀에게 영향을 미치는 규칙과 합의, 계획을 만드는 데 아이가 참여하도록 초대하세요. 필요하다면 자녀가 조정할 수 있도록 부모가 도와주리라는 것을 믿어도 된다는 점, 그리고 부모는 자녀가 자라남에 따라 기꺼이 그들과 함께 배울 뜻이 있다는 점을 자녀에게 알려주세요.(자녀와 함께 배우는 것에 관해 더 많이 알고 싶으면, 열쇠 6을 보세요.)

선택에 관해 자녀와 이야기할 때, 많은 젊은이들 특히 사춘기 자녀들은 선택에 관해 어른들이 말하는 걸 들을 때 혼란스럽고 짜증 나고 화가 난다는 것을 알아차리세요. 대부분의 아이는 부모님과 선생님, 그리고 다른 어른이 자기를 위해 중요한 결정을 한다는 것을 압니다. 그리고 자기가 할 수 있는 선택은 딱 두 가지로 제한된다는 것도 압니다. 내려진 결정에 순순히 따르든가 아니면 반항하든가. 아이들 대부분은 얼핏 보기에도 끝없이 이어지는, 종종 자기들에게는 의미도 없고 스스로 선택하려는 바람과 능력이 존중되지 않는 규칙과 기대 한가운데에서 살아가는 경험을 하고 있습니다. 아이들은 자신들의 욕구를 충족시키는 일에 대해 스스로 통제력을 가지고 있다는 것을 믿지 않을지도 모릅니다. 아이들은 자기가 누리고 싶은 자율성과 과거에 어른들이 제공해왔던 몇 안 되는 선택 사이의 격차 때문에 공감이 아주 많이 필요할지도 모릅니다.

요약

선택하기를 선택하세요. 부모 역할을 하는 여러분의 목적을 정하는 것이 집에서 갈등을 줄이고 협력하는 흐름을 만들어내는 첫걸음입니다. 그다음부터는, 기술을 배우고 날마다 어떻게 생각하고 듣고 행동하고 말할지 선택하는 것에 관한 문제입니다. 여러분이 어떻게 부모 역할을 하며 살아갈지 선택할 때 폭넓게 알아차릴 수 있도록 이 열쇠가 도움이 되었기를 바랍니다. 또한 여러분이 자녀에게 점점 더 폭넓은 선택을 할 수 있다고 안내하도록 영감을 받았기를 바랍니다. 그랬을 때 아이는 스스로를 자기 삶에 온전히 참여하는 사람으로 인식하게 될 것이고, 그래서 유능하고 자신 있게 선택하는 사람으로서 성인기에 들어갈 겁니다.

> 날마다 연습하기

자신의 목적을 성찰하는 시간을 날마다 가지세요.
아이와 상호작용하려는 당신의 의도를 기억하세요.
"해야만 해."와 "하는 게 좋을걸."이라고 말하는 것을 알아차리고, 그 말을 '내가 원하는 것'과 '내가 선택하는 것'으로 바꾸어 표현해보세요.

열쇠 2

모든 행동 뒤에 있는 욕구를 보자

핵심 개념

- 모든 행동은 인간적인 욕구를 충족하려는 시도다.
- 아이들은 자기 욕구를 충족하기 위해 늘 최선을 다하고 있다.
- 자기 욕구를 충족할 책임은 자기 자신에게 있다.
- 느낌은 충족되었거나 충족되지 못한 욕구를 알려주는 메신저다.
- 아이들은 자기 말이 들리고 이해받기를 바란다.

왜 우리는 우리가 하는 그 일을 할까요? 왜 우리 아이들은 그런 식으로 행동할까요?

물론 사람들이 어떤 일을 하는 이유를 이해하는 것이 가끔은 쉬울

> 우리 자신과 다른 사람들의 행동에 동기를 부여하는 욕구를 이해하면 적이 없다.
> ▸ 마셜 로젠버그

때도 있습니다. 아이에게 왜 먹느냐고 물어보면, 배고파서 먹는다고 할 겁니다. 왜 친구들과 밖에 나가고 싶어 하느냐고 물어보면, 재미와 놀이를 위해서라고 말하겠지요. 그리고 아이는 왜 그렇게 질문을 많이 할까요? 알고 싶은 것들이 있어서 그렇지요. 그러나 아이에게 왜 여동생을 때리는지 또는 왜 학교에 가고 싶지 않은지 물어보세요. 아이는 분명하게 대답하지 못합니다. 이렇게 말하겠지요. "걔는 멍청하니까." "학교는 바보 같아!"

부모는 흔히 자녀를 무시하면서 그런 말에 이렇게 반응합니다. "진심으로 하는 말 아니지? 말도 안 돼. 그게 문제가 아니잖아." 아니면 아이를 꾸짖지요. "그런 식으로 말하면 안 돼. 무슨 말도 안 되는 소리를 하고 있어?" 이런 말을 들으면 아이는 자신을 방어하려 하거나 아니면 말문을 닫아버립니다. 그렇게 되면 부모는 정말로 일어나고 있는 일에 더는 다가갈 수가 없습니다.

"누가 먼저 그랬니?" 또는 "누구 잘못이니?"를 묻는 것 또한 도움이 되지 않습니다. 비난과 말다툼만 더 커질 뿐이지요. 누가 잘못했나, 누구 탓인가, 누가 벌 받아 마땅한가를 결정하는 이런 대결 방식이 집에서, 학교에서, 그리고 우리의 사법제도 도처에서 유지되고 있습니다. 그렇게 해서는 그런 행동을 하는 더 깊은 동기를 거의 이해할 수 없는데도 끈질기게 계속되고 있습니다. 더 깊은 동기를 알지 못하면 문제나 갈등을 절대로 해결할 수 없습니다. 기껏해야 임시변통으로 수습만 할 뿐이지요.

> 참된 발견 여행은 새로운 풍경을 찾는 것이 아니라 새로운 눈을 갖는 것이다.
> ▶마르셀 프루스트 Marcel Proust

물론, 아이들도 갈등에 대한 이런 접근 방식을 받아들이고 재빨리 비난의 화살을 돌립니다. "쟤 잘못이에요! 쟤가 먼저 시작했어요! 쟤가 벌 받아야 해요." 당연히, 아이는 비난과 벌을 받지 않고 자신을 보호하기 위해 자기가 할 수 있는 일을 합니다. 이런 전략 가운데 하나가 거짓말하는 것입니다. 사실, 우리는 아이가(그리고 나이와 상관없이 사람들이) 거짓말을 하는 주된 이유가 진실을 말하는 것이 안전하게 느껴지지 않고 벌 받지 않기를 원해서라는 것을 알아냈습니다. 비난하는 것으로는 아무것도 해결하지 못합니다. 그래서 부모가 재판관과 배심원 역할을 떠맡아 누가 비난받아야 하는지 그리고 어떻게 해야 하는지를 자기가 결정해야 한다고 생각한다면, 집에서 비난 게임이 끝도 없이 계속될 터이고, 그런 곳에서는 잘못 떠넘기기, 잘못 지적하기, 험담하기가 일상사가 되어 버립니다.

이 얼마나 슬픈 일입니까? 모든 아이가 원하는 것은 자기의 좋은 의도를 보아달라는 것, 자기가 최대한 노력하고 있다는 것을 알아달라는 것인데 말입니다. 아이는 존중받을 때 안전하다고 느낍니다. 이것은 자녀 행동이 썩 만족스럽지 못할 때 특히 더 중요합니다. 아이가 무언가에 대해 실망하고 우울해하고 슬퍼하고 두려워하고 혼란스러워할 때 충고하고 비난하고 비판하고 수치심을 느끼게 하거나 벌을 주는 것은 도움이 되지 않습니다. 이런 반응은 그저 비참한 기분과 두려움을 더 키울 뿐입니다. 그런 것들은 자녀가 상황을 더 잘 이해하고 실수한 것에서 무언가를 배우도록 도와주지 못합니다. 아이가 어른들이 보일 반응을 이렇게 두려워하게 되면, 어느 시점부터는 이야기를 나눌 다른 누군가를 찾거나 아니면 말하지 않겠다고 결심하며 입을 다물어버립니다.

일이 잘 풀리지 않을 때, 아이는 누군가 자기 말에 귀 기울여주고, 자기 느낌을 수용해주고, 자기가 그렇게 한 선한 이유를 알아줄 사람을 원합니다. 귀 기울여주기, 수용해주기, 이해해주기는 자신을 돌아보고 배움을 얻게 해줍니다. 자기 말을 들어주고 수용해주고 이해해달라는 아이 욕구를 충족시켜줄 때, 부모는 자녀가 자기 행동을 돌아보도록 허용하는 것입니다. 아이에게 '넌 잘할 수 있고, 가지고 있는 게 많으며, 어떤 상황에서도 배울 수 있어.'라는 메시지를 보내고 있는 겁니다. 여러분이 자기 말에 존중과 공감으로 귀 기울여주고 그래서 안도감을 느끼고 희망을 가지게 되면, 아이는 다음번에도 다시 와서 여러분에게 이야기할 겁니다. 마침내는 마음을 열고 여러분 생각을 듣고 조언을 구할 겁니다.

모든 행동은 인간적인 욕구를 충족하려는 시도다

여러분 자녀와 여러분 삶 속의 다른 모든 이들이 하는 행동은 자기 욕구를 충족하려는 최선의 시도라는 것을 매 순간 여러분이 알 수 있다면 그들과 어떻게 상호작용할지 상상해보세요. 인간은 공기와 물, 음식, 휴식 그리고 안전에 대한 욕구를 비롯해 근본적인 생존 욕구를 공통으로 가지고 있습니다. 이런 근본적인 욕구에 더해, 우리는 사랑과 배움, 친구, 놀이, 어느 정도의 자율성, 그리고 그 밖의 더 많은 것들을 필요로 합니다. 어느 곳에 살든 사람들은 이런 욕구들을 공통으로 가지고 있기 때문에, 삶의 방식이나 신념, 언어, 나이가 달라도 다른 사람의 행동 동기를 이해할 수 있습니다. 이렇게 이해하면 심지어, 그리고 특히 우리가 다른 사람의 행위에 동의하지 않을 때에도 그들에게 더 큰 연민을 가질 수 있습니다.

열쇠 5를 보면 욕구 목록이 있습니다. 또 국제비폭력대화센터 웹사이트 www.cnvc.org 나 한국비폭력대화교육원 웹사이트 www.krnvcedu.com 에서도 목록을 볼 수 있습니다 인간의 욕구를 최종적으로 확정해놓은 목록은 없습니다. 모든 욕구 목록의 기준은 인간이 삶을 영위하는 데 공통으로 필요로 하는 근본적이고 필수적인 요소를 포함하는 것이며, 이것은 사람들이 욕구를 충족하기 위해 사용하는 다양한 수단이나 방법과는 구별됩니다.

자녀가 원하는 것에 부모가 귀 기울이기를 주저하는 주된 이유는 아마도 욕구와 그것을 충족하려는 수단 방법의 차이를 이해하지 못한다는 데 있을 겁니다. 부모는 비디오게임이나 새 장난감에 대한, 또는 밤을 새우고 싶은 아이의 바람을 들어주다보면 아이와 싸워야 하거나, 아니면 아이의 요구에 굴복해 원하는 걸 모두 들어주어야 하는 처지에 놓이게 되지 않을까 두려워합니다.

여기서 새 비디오게임은 욕구가 아니라는 점을 분명히 해둡시다. 그것은 휴식이나 능력, 또는 재미 같은 욕구를 충족하려는 수단 방법입니다. 보편적인 욕구라고 말할 때 중요한 기준은 이 행성에 살고 있는 모든 사람이 공유하는 것인데, 비디오게임 없이도 잘 살아가는 사람이 분명 있으므로, 비디오게임은 욕구가 아니라는 것을 쉽게 알 수 있습니다. 그와 마찬가지로, 매일 밤 몇 시간씩 전화로 이야기하는 것이나 학교 가기 전 아침 시간에 만화를 보는 것은 욕구가 아닙니다. 학교가 끝난 뒤 매일같이 친구들을 집으로 데려오는 것도 욕구가 아닙니다.

우리가 매일 사용하는 말이 욕구와 수단 방법을 구별하지 못하게 합니다. 우리는 "네 그릇에 있는 브로콜리를 먹어야 해." 또는 "지금 당장 목욕해야 해."라고 말합니다. 아니면 "난 아이팟을 원해."라고 말합니다. 그러나 아이가 브로콜리를 먹는 것도 아이팟을 사는 것도 욕구가 아닙니다. 브로콜리를 먹이는 것은 영양 섭취를 바라는 몸의 욕구를 충족시키려는 부모의 수단 방법이며, 아이팟을 사는 것 또한 재미와 오락, 휴식, 또는 소속감이라는 욕구를 충족하기 위한 수단 방법입니다. 아이가 매일 아주 절박하게 요구하는 것들은 대개가 어떤 욕구를 충족하기 위한 수단 방법이기 쉽습니다.

이렇게 욕구와 수단 방법을 구별하는 것이 정말 중요한 것은, 여러분과 자녀 사이, 그리고 여러분과 다른 모든 이들 사이에서 일어나는 모든 갈등과 말다툼, 싸움, 힘겨루기가 수단 방법 때문에 일어나기 때문입니다. 그래서 부모가 존중하는 마음으로 수단 방법 뒤에 있는 자녀의 욕구에 초점을 맞춘다면, 예방은 못하더라도, 갈등을 해결할 수는 있습니다.

수단 방법 때문에 일어나는 전형적인 말다툼

아이: 지금 자고 싶지 않아요.

부모: 그래도 지금 자야 해. 잘 시간이잖아.

아이: 피곤하지 않은걸요.

부모: 하지만 지금 안 자면 아침에 피곤할 거야.

아이: 피곤하지 않아요.

부모: 아냐, 피곤할 거야.

아이: 안 피곤하다니까요.

이런 말다툼은 아이를 좌절하게 하고 아이 말이 들리지 않게 만듭니다. 아이를 정해진 시간에 잠자리에 들게 함으로써 충족될 부모의 욕구 또한 들리지 않고 있습니다. 모든 사람의 욕구를 이해하고 존중하지 않으면 갈등은 계속될 것 같습니다.

다음 사례에서 보듯이, 부모가 자기 욕구를 표현하기 전에 자녀 욕구를 먼저 존중하며 귀담아듣는다면, 연결과 이해, 그리고 협력할 기회가 늘어납니다.

> **아이**: 지금 자고 싶지 않아요.
>
> **부모**: (아이의 느낌과 욕구를 추측하면서) 재미있는 놀이를 하는 참이라 더 계속하고 싶니?
>
> **아이**: 네, 그리고 피곤하지도 않아요.
>
> **부모**: 네가 피곤할 때 잠자리에 들고 싶다는 말이야?
>
> **아이**: 네.
>
> **부모**: 또 다른 건 없니?
>
> **아이**: 없어요.
>
> **부모**: 내가 왜 네가 지금 자기를 바라는지 말해도 될까?
>
> **아이**: 좋아요.
>
> **부모**: 난 네가 휴식을 취하고 아침에 일어나서 학교 갈 준비를 하면 좋겠어. 주중에 밤 아홉 시 이후에 자고 나면 다음 날 아침에 피곤해하는 걸 봤거든. 내 욕구가 들리니?
>
> **아이**: 제가 휴식을 취하고 아침에 일어나기를 바라신다고요.
>
> **부모**: 그래. 그렇게 들어줘서 고맙다.

부모와 자녀 양쪽 다 이런 식으로 들으면 에너지가 전환되고, 상대편을 향해 마음이 열리며, 양쪽을 다 만족시킬 방법을 기꺼이 찾고자 하는 일이 자주 일어납니다. 이 사례에서 아이는 기꺼이 잠자리에 들겠다고 할지 모릅니다. 아니면 불을 끄기 전 얼마 동안 아이가 조용히 노는 건 괜찮다고 부모가 기꺼이 허락할지도 모릅니다. 부모가 존중하는 마음으로 귀 기울이는 것이 자녀 말에 동의한다는 뜻은 아니며, 또 자녀가(또는 누구라도) 원하는 모든 것을 들어준다는 뜻도 아닙니다. 끝없는 말다툼과 싸움, 힘겨루기에서 자신을 구하고 싶다면, 욕구를 수단 방법과 구별하는 것을 배우세요.(욕구와 수단 방법에 대해 더 많이 알고 싶으면 열쇠 5와 열쇠 6을 보세요.)

> 상대편을 비난하거나 자기를 비난하는 대신에 연민을 느끼려고 노력할 때, 가슴이 다시 열리고 또 열린다.
> ▶새러 패디슨 Sara Paddison

혼자 탐구하기

어디에서나, 사람들이 자기 욕구를 하나 이상 충족하려고 시도하는 것을 볼 수 있을 겁니다. 우리는 이렇게 존중 어린 시각으로 자기 삶을 바라보고 그로부터 새로운 통찰을 얻을 수 있는지 보도록 당신을 초대합니다.

여러분이 친구에게 전화를 걸어서 당신을 괴롭히고 있는 것에 대해 이야기할 때, 대개는 이해와 공감이라는 욕구를 충족하기를 바랍니다.

긴 하루가 끝날 무렵 배우자가 "그 이야기는 하고 싶지 않고 오늘은 더는 아무것도 하고 싶지 않아!"라고 말할 때, 여러분은 그에게 쉬고 싶은 욕구가 있음을 짐작할 수 있습니다.

자녀가 완전히 몰입해서 퍼즐을 풀고 있는 것을 볼 때, 여러분은 아이가 배움이라는 욕구를, 그리고 또 어쩌면 능력, 그리고 아마도 기분 전환이라는 욕구를 충족하고 있음을 짐작할 수 있습니다.

자녀가 여러분에게 농담을 할 때, 아이는 아마도 유머와 놀이, 그리고 또 어쩌면 여러분과 연결하려는 욕구도 충족하고 있을지 모릅니다.

여러분이 두 살배기에게 장난감을 치우라고 말하는데 아이가 싫다고 할 때, 아이가 충족하려는 욕구가 무엇이라고 짐작하시나요?

열두 살 난 딸이 최신 유행 옷을 입어야겠다고 말할 때, 그 아이가 충족하려는 욕구는 무엇일까요?

아이들은 자기 욕구를 충족하기 위해 늘 최선을 다하고 있다

매일 매 순간, 여러분의 자녀는 자기 욕구를 충족하기 위해 최선을 다하고 있습니다. 그것은 여러분이 가지고 있는 것과 똑같은 욕구입니다. 행동을 이렇게 이해하면, 아이 행동을 판단하는 습관이 저절로 존중 어린 이해와 연민으로 바뀝니다.

여러분 또한 매 순간 자기 욕구를 충족하기 위해 최선을 다하고 있습니다. 행동을 이렇게 이해하면, 자기를 판단하는 대신 자기 존중과 연민으로 자신을 볼 수 있습니다. 자기 욕구에 초점을 맞춰 주의를 기울이면, 자기가 가장 관심을 가지고 있는 것에 관해 소통할 수 있습니다. 그리고 다른 사람들과 더 쉽게 연결될 겁니다. 왜냐하면 나이와 상관없이 누구나 같은 욕구를 가지고 있기 때문입니다.

인간은 행복을 위해 끊임없이 욕구 메시지를 보내는 시스템으로 서로 연결되어 있습니다. 욕구는 때로는 큰 소리로 자기를 알릴 겁니다. "난 먹을 것이 필요해!" 다른 때에는 뒤에서 속삭일 겁니다. "혼란스러워. 나한테 무엇이 필요한지도 잘 모르겠어. 그건 아마 내가 더 명료해질 필요가 있다는 뜻인 것 같아." 삶은 이런 메시지들을 전달해서 자신에게 필요한 것에 주의를 기울이고 자기 욕구를 충족할 멋진 방법을 찾을 수 있게 해줍니다.

자기 욕구를 충족할 책임은 자기 자신에게 있다

다른 사람에게 나를 도와줄 뜻이 있냐고 물어볼 수 있긴 하지만, 내 욕구를 충족할 책임은 오로지 나 자신에게만 있습니다. 이 말을 들으면 정신이 번쩍 들지 않나요? 이 말은 또 힘을 주는 말이기도 합니다. 왜냐하면 이 말은 여러분이 자기 욕구를 충족하기 위해 어느 누구에게도 절대 의존하지 않는다는 뜻이기 때문입니다. 이 점을 분명히 하는 것이 도움이 됩니다. 한 사람이든 집단이든 간에, 다른 사람이 내 욕구에 책임이 있다는 생각은 적어도 두 가지 불행한 결과를 가져

> 삶에서 어떤 것도 두려워할 필요가 없다. 단지 이해하기만 하면 된다.
> ▶ 마리 퀴리 Marie Curie

오기 때문이지요. 첫째는 여러분 스스로 바쁘게 해법을 찾을 시간에 다른 누군가가 여러분을 위해 무언가 해주기를 기다리느라 많은 시간을 허비할 수 있다는 겁니다.

다른 사람이 여러분 욕구를 충족시켜주기를 기대할 때 올 수 있는 또 다른 불행한 결과는, 여러분이 그런 식으로, 즉 다른 사람들이 여러분에게 무언가를 '해주어야만' 한다는 식으로 생각할 때마다 사람들에게는 여러분 말이 매우 자주 강요로 들릴 거라는 것입니다. 그런데 강요로 들리면 여러분에게 줄 가능성이 줄어들지요. 강요는 힘겨루기를 유발하며, 기쁘게 주고 기꺼이 협력하는 데 주된 걸림돌입니다.

> **함께 탐구하기** **사람들은 무엇을 필요로 할까?**

사람들은 무엇을 필요로 할까요? 여러분은 지금 하고 있는 그 일을 왜 하나요?

가족 모임을 하면서 이 질문을 함께 탐구하자고 요청해보세요. 보편적인 욕구를 확정해놓은 목록은 없으며, 여러분이 만든 목록은 다른 사람이 만든 것과 어느 정도 다를 수 있습니다. 그러나 모든 사람에게 욕구 리트머스 테스트, 즉 '그것은 모든 사람이 가지고 있는 욕구인가?'라는 질문을 해보면, 목록에는 차이보다는 비슷한 점이 더 많을 겁니다. 모든 사람이 가지고 있는 것이 아니라면, 그것은 보편적인 욕구를 충족하기 위한 많은 수단 방법 가운데 하나이기 쉽습니다.

예를 들면 놀이는 욕구, 게임은 그 욕구를 충족하기 위한 수단 방법입니다. 마찬가지로 배움은 욕구, 책 읽기는 배움을 위한 수단 방법입니다. 휴식 역시 욕구이며, 8시에 아이를 억지로 잠자리에 들게 하는 것은 휴식을 위한 아이 욕구 또는 당신 욕구를 충족하려는 수단 방법입니다.(욕구와 수단 방법에 관해 더 알고 싶으면 열쇠 5와 열쇠 6을 보세요.)

> **함께 탐구하기** 보편적인 욕구 목록

보편적인 욕구 목록을 만들어서 집 안에서 누구나 다 볼 수 있는 곳에 붙여놓고, 참고하거나, 또 그 목록에 더 많은 욕구를 추가해보세요. 이 목록은 존중과 연민으로 소통하고, 우리가 하는 각각의 행동 뒤에 있는 동기를 이해하며, 인간의 욕구를 함께 탐구하는 데 필요한 공통의 낱말을 제공합니다.(욕구 확인하기에 관해 더 알고 싶으면, 3부, '주제: 가족 모임' 중 욕구 목록과 욕구 만다라를 보세요.)

느낌은 충족되었거나 충족되지 못한 욕구를 알려주는 메신저다

느낌은 여러분의 욕구 전달 시스템에서 중요한 역할을 하고 있습니다. 느낌은 자동차 계기판의 경고등과 같습니다. 느낌은 당신의 욕구가 충족되고 있는지 그렇지 못한지에 주의를 환기시킵니다. 행복하다, 만족스럽다, 즐겁다 같은 유쾌한 느낌은 그 순간에 욕구가 충족되고 있다는 메시지를 줍니다. 슬프다, 당황스럽다, 좌절감을 느낀다 같은 고통스러운 느낌은 어떤 욕구들이 충족되지 않고 있다는 메시지를 줍니다. 느낌에 주의를 기울이고 그것이 보내는 메시지에 귀 기울이면, 당신의 욕구에 관해 중요한 단서를 얻을 수 있습니다. 다른 사람의 느낌에 주의를 기울이면 그들이 지금 어떤지, 그리고 더 자세히 들여다보면, 그들이 소중히 여기거나 필요로 하는 것이 무엇인지에 관해 중요한 메시지를 받을 겁니다.

> 혼자 탐구하기

즐겁다고 느꼈던 때를 떠올려보세요. 그 느낌을 자극하는 어떤 욕구가 충족되었나요?

좌절하거나 실망했던 때를 떠올려보세요. 충족되지 못한 어떤 욕구가 당신이 주의를 기울여주기를 요구하고 있었나요?

여러분 자녀가 기뻐했던 때를 떠올려보세요. 그때 어떤 욕구가 충족되고 있었을까요?

아이가 매우 슬퍼했던 때를 떠올려보세요. 그 슬픔을 불러일으키는 충족되지 못한 욕구는 무엇이었을까요?

아이들은 자기 말이 들리고 이해받기를 바란다

아이가 형제자매나 부모를 맹렬히 비난한다면, 아이는 "난 충족되지 못한 욕구가 있어!" 하고 비명을 지르고 있는 겁니다. 그 아이를 비난하거나 혼내는 것은 아이가 겪고 있는 고통을 가중시킬 뿐입니다. 그러는 대신, 시간을 내서 아이의 느낌과 욕구를 들어줌으로써 아이가 경험하고 있는 고통 밑에서 일어나고 있는 일을 존중하는 마음으로 들어줄 수 있습니다. 무엇보다도, 아이들은(그리고 모든 사람은) 정말로 무슨 일이 일어나고 있는지가 들리기를, 그리고 이해받기를 원합니다.

다른 아이가 자기 장난감을 가져갔다며 아이가 소리를 지를 때, 아이가 배려받고 싶어 한다거나 자기 장난감에 대해서는 자기가 통제권을 더 가지고 싶어 한다고 추측할 수 있을 겁니다. 어떻게 추측하든(속으로 하든, 소리 내어 표현하든), 이렇게 추측해보는 것이 아이와 더 많이 연결할 수 있게 해줄 겁니다. 장난감을 '같이 갖고 놀아야' 한다는 당신 생각 때문에 아이 반응을 부적절하다, 과잉 행동이다, 또는 유치하다고 판단하는 것보다는 말입니다.

 욕구를 알면 더 효과적인 행동을 하게 되고, 욕구에 눈을 감으면 나중에 후회하게 될지 모르는 행동을 하게 됩니다. 하루가 끝날 무렵 짜증과 피로감이 밀려올때 아침을 먹은 뒤에 아무것도 먹지 않고 있었다는 사실을 문득 알아차린다면, 여러분의 욕구는 대개는 영양 공급에 관한 것이겠지요. 이 욕구가 마음에서 분명해지면, 당신은 영양을 공급할 무언가를 준비할 수 있습니다. 그러나 짜증스럽고 피곤하다고 느끼면서도 그런 느낌을 일으키는 원인을 찾지 못하면, 아무 생각 없이 사탕 과자를 집어들거나 아이에게 모진 소리를 해댈지도 모릅니다.

 안타깝게도, 느낌과 욕구 관점에서 생각하는 것은 우리 사회에서는 좀처럼 보기 힘든 일입니다. '미치겠다', '슬프다', '기쁘다', '좌절감이 든다' 이상으로 풍부한 낱말을 가지고 있는 사람은 극소수고, 사람들 대부분은 욕구를 가지는 것은 자기 성격에 나쁜 영향을 미친다, 자기가 '이기적'이거나 '매우 결핍되어 있음'을 가리킨다고 배워왔습니다. 공통된 하나의 믿음은 '강한' 사람은 아무것도 필요하지 않고, '착한' 사람은 자기 욕구를 맨 나중으로 미룬다는 것입니다.

자기가 욕구를 가지고 있다는 것을 알지 못하는 사람들, 욕구를 가지는 것이 받아들여지지 않을 거라고 믿는 사람들, 그리고 느낌과 욕구에 관해 이야기할 어휘가 몇 가지밖에 없는 사람들은 종종 효과가 없는 방식으로, 심지어는 파괴적인 방식으로 행동합니다.

나에게 무엇이 필요한지 알고 그 욕구를 충족하기 위해 무언가를 하기로 선택했던 때를 떠올려보세요.

그 욕구는 무엇이었나요?

당신 욕구를 충족하기 위해 무엇을 했나요?

느낌이 어땠나요?

누군가가 자기 욕구를 충족하도록 도와줄 수 있겠냐고 요청하는 말을 듣고 기꺼이 도와줄 수 있었던 때를 떠올려보세요.

그들의 욕구는 무엇이었을까요?

그들의 욕구를 충족하도록 돕기 위해 당신은 무엇을 했나요?

느낌이 어땠나요?

당신의 어떤 욕구가 충족되었나요?

요약

모든 행동은 어떤 욕구를 충족하려는 시도라는 사실을 알면 아이들이 왜 그런 방식으로 행동하는지 이해할 수 있고, 부모 역할에 욕구 중심 접근법을 도입해볼 수 있게 됩니다. 이렇게 욕구에 초점을 두는 부모는 자녀가 자기 욕구를 충족하는 데 더 많이 책임지는 것을 배우도록 도울 수 있습니다. 느낌은 욕구가 충족되고 있는지 아닌지를 알려주는 메시지로 인식되므로, 부모가 느낌을 확인하고 그 느낌을 그 뒤에 있는 욕구와 연결하고 그 욕구를 충족할 해법을 찾는 기술을 가지고 있을 때, 아이는 자기 말이 들리고 이해받는다고 느낍니다.

> 날마다 연습하기

행동의 뿌리에 있는 욕구를 볼 때 더 존중하고 더 협력하게 됩니다. 여러분 자녀, 동료, 또는 TV 연기자들을 관찰하는 동안 스스로 이렇게 물어보세요. "저 사람들은 어떤 욕구를 충족하려고 지금 저렇게 행동하고 있을까?"

당신 자신의 행동을 관찰하고, 당신이 어떤 욕구를 충족하고 있는지 확인하세요. 자신에게 이렇게 물어보세요. "나는 어떤 욕구를 충족하려고 지금 이 행동을 하고 있지?"

당신에게 무슨 일이 일어나고 있는지 알아차리는 능력을 기르기 위해, 하루에도 몇 번씩 멈추고 자신에게 이렇게 물어보세요. "지금 내 느낌이 뭐지? 무엇이 필요하지?"

열쇠 3

안전, 신뢰, 소속감을 만들어내자

핵심 개념

- 자녀는 성장하기 위해 정서적 안전을 필요로 한다.
- 부모의 행동은 자녀의 정서적 안전에 영향을 준다.
- 자녀 관점에서 보자.
- 정서적 안전을 유지하려면 연결하려고 노력하자 – 처음에도, 마지막에도, 그리고 언제나.
- 안전, 신뢰, 소속감을 유지하기 위해 가족 간의 연결을 튼튼히 하자.

자녀의 존재는 그 자체로 부모에게 주는 선물입니다. 이 선물을 부모가 무조건 받아들이고 감사하면, 자녀가 이 세상은 안전하고 믿을 수 있는 곳이라는 느낌과 소속감을 가지는 데 반드시 필요한 유대감을 형성하는 과정이 완성됩니다. 아기 때나 이른 어린 시절에 무조건적인 사랑과 수용이 충족되면 어떤 메시지 하나가 한 젊은이의 삶 전체에 잔잔한 물결을 일으키며 자기 수용self-acceptance의 토대를 마련합니다. 그 메시지는 이것입니다. "나는 다른 사람들에게 받아들여진다. 그러므로 나는 나 자신을 받아들인다."

> 자녀가 당신에게 가장 크게 바라는 것은 자기를 있는 그대로 사랑해달라는 것이지, 당신의 온 시간을 다 바쳐서 자기를 바로잡아달라는 것이 아니다.
> ▶빌 에어즈 Bill Ayers

안전, 신뢰, 소속 욕구는 맨 먼저 가족에 의해 충족되고, 그런 다음 학교의 또래 집단, 지역사회의 다른 구성원들, 그리고 결국에는 동료들과 더 큰 세계로 확대되는, 점점 더 넓어지는 부채꼴 안에서 충족됩니다. 집에서 무조건 수용되면, 자녀는 수용 욕구를 집 밖에서 충족하려고 하기보다는, 훨씬 더 기꺼이 부모에게서 배우고 부모의 지도를 받고 싶어 합니다. 가족을 대신하는 것, 이를테면 패거리나 폭력 조직 같은 것은 어딘가에 소속되고 싶은 자신의 욕구를 충족할 방법을 필사적으로 찾으려는 젊은이들이 마지막으로 선택하는 수단입니다. 소속 욕구는 너무 강해서 어디에서라도 이 욕구를 충족하는 것이 아무 데도 소속되지 못하는 것보다는 훨씬 낫기 때문입니다.

이 열쇠는 집을 아이가 소속될 최고의 장소로 만드는 방법을 보여 줄 겁니다.

자녀는 성장하기 위해 정서적 안전을 필요로 한다

모든 인간의 욕구 바탕에는 음식, 물, 주거, 그리고 신체적 안전 욕구가 있습니다. 이런 것들은 전 세계 어디에서나 논쟁할 필요도 없는 욕구들입니다. 아기는 보송보송하고 따뜻하게 해주고, 잘 먹이고, 옷을 입혀주고, 물리적 해악에서 보호해주어야 할 필요가 있으며, 아기들은 자기 욕구를 큰 소리로 알립니다. 그러나 자녀를 위해 안전과 신뢰를 만들어내는 것은 신체적인 욕구를 충족시키는 것을 훨씬 넘어서는 일입니다.

최근의 뇌 연구는 일반적으로 덜 알려져 있거나 입에 덜 오르내리는 안전 욕구, 즉 '정서적 안전'이라는 욕구의 중요성을 입증하고 있습니다. 유아나 모든 연령대의 어린이들은 신체나 정서에 위협을 경험하면 불안해하고 두려워합니다. 이때 아이가 자기 자신을 방어하거나 위험에서 달아나도록 준비시키기 위해서, 생각하고 배우고 추론하는 영역을 차단하는 호르몬들이 뇌에서 분비됩니다.[2] 이것들은 안전하지 않다고 느끼는 아이의 삶에서 매일 촉발되곤 하는 매우 원시적인, 싸움, 달아남, 얼어붙음 반응입니다. 아주 이른 시기부터 정서적으로 스트레스를 받는 조건에서 뇌의 주요 부분들이 차단되면 아이의 두뇌 발달, 학업 성공, 그리고 다른 사람들과 관계 맺는 능력이 심각

---

[2] 대니얼 골먼 Daniel Goleman, 『EQ감성지능 Emotional Intelligence』

하게 영향 받을 수 있습니다.[3]

부모의 행동은 자녀의 정서적 안전에 영향을 준다

아이들이 위험하다고 해석하는 경험 중에는 어른이 목소리를 높이는 것, 욕하는 것, 한 아이가 실수한 것을 다른 아이가 잘한 것과 비교하는 것, 벌을 주겠다거나 두고 보자며 윽박지르는 것, 흔들고 때리는 것이 포함됩니다. 이렇게 매우 격앙된 방식으로 상호작용하면 아이들은 자기를 보살펴주는 사람들과 함께 있는 것이 안전한지 그리고 안전을 보장받을 수 있는지 의심하게 됩니다. 깊은 안전감과 신뢰감이 없으면, 아이들은 자기 세계를 주사하는 데 조심스러워하고 머뭇거리게 됩니다. 아이들은 탐구하고 배울 기회에 맞닥뜨릴 때 자신을 잔뜩 의심하곤 합니다. 아이들은 질문하고 위험을 감수하기를 자주 두려워하며, 자기 욕구를 충족하기 위해 제한되고 안전한 범위 안에서 선택하고 수단 방법을 찾기를 더 좋아합니다.

정서적으로 안전하다고 느끼면, 아이들은 자기 세계 안에서 느긋해지고 신이 나서 자기 세계를 조사합니다. 아이들은 탐험하고 질문

> 나는 자신의 가장 큰 욕구가 진실하고 무조건적인 사랑 말고 다른 것이라는 사람은 만나본 적이 없다.
> ▶엘리자베스 퀴블러로스
> Elisabeth Kübler-Ross

---

3 앨런 쇼어Allen Shore, 『규율과 자아의 근원에 영향을 미쳐라 *Affect Regulation and the Origin of the Self*』

하고 위험을 감수하고, 중요한 욕구를 충족하기 위한 다양한 방법에 개방적입니다.

조지프 칠튼 피어스Joseph Chilton Pearce와 마이클 멘디사Michael Mendizza[4]는 여기서 한 걸음 더 나아가 자녀는 부모가 하는 행동뿐 아니라, 그 행동을 할 때의 부모 마음과 가슴 상태까지도 받아들인다고 말합니다. 한 사람의 의식 상태와 그 의식으로 만들어진 환경은 다르지 않다고 그들은 주장합니다. 만약 어떤 어머니가 매일 저녁 가족을 위해 식사를 준비하면서 그날 일터에서 일어났던 일로 내내 화가 나 있고, 자기는 더 재미있고 흥미로운 뭔가를 해야 하는데 그러기는커녕 음식을 만드느라 이렇게 많은 시간을 쓰고 있다며 씩씩거린다면, 아이들은 함께 음식을 먹는 경험에서 무엇을 배우겠습니까? 그 대신, 노래를 부르며 음식을 만드는 것이 아이들에게 영양을 공급하고 함께 시간을 보내고 싶은 자기 욕구를 얼마나 충족시켜줄까에 관해 생각한다면, 아이들은 무엇을 배우게 될까요? 여러분이 무엇을 하든, 아이들은 여러분이 살고 있는 모든 상태, 즉 살아 있음의 질, 기쁨과 기쁨 없음을 기억할 겁니다.

---

4 Mendizza and Pearce, 『멋진 부모, 멋진 아이 *Magical Parent, Magical Child*』

자녀 관점에서 보자

자녀가 부모에게 바라는 것은 자기를 있는 그대로, 그리고 자기가 무엇을 할 수 있는지를 보아달라는 것입니다. 아이가 도전한 것을 알아봐주고 아이가 해낸 것을 축하하는 것은 부모 자녀 사이에 신뢰로 맺어진 유대를 돌보고 강화한다는 것을 보여줍니다. 아이 삶의 각 단계에서 어떤 욕구가 최우선이고 시급한지를 이해하려면, 자녀가 지금 통과해가고 있는 발달단계를 알아차리고 여러분 앞에 있는 아이가 가지고 있는 그 아이만의 특별한 점이 무엇인지를 눈여겨보는 것이 도움이 됩니다.

발달단계 이해하기

갓난아기의 뇌는 태어날 때에는 충분히 발달해 있지 않습니다. 뇌의 어떤 부분은 20대 초기까지도 충분히 형성되지 않는다는 사실을 지금은 사람들이 믿고 있습니다. 그래서 우리 모두는 우리 자신에게 미리 프로그래밍된 속도에 맞춰 성인의 사고 능력으로 성장합니다. 갓난아기, 유아와 미취학 아동은 자기 일에만 몰두해서 옆을 돌아볼 겨를이 없다가, 점차 다른 사람을 배려할 수 있는 능력이 발달합니다. 발달단계상 이 아이들은 장난감을 공유하거나, 교대로 가지고 놀거나, 다른 사람의 관점을 보거나 하지 못합니다. 이 아이들은 십 분이나 한 시간이 얼마나 긴지 이해할 방법이 없으며, 또 물론 건전한 결정을 내리기에는 세상 경험이 거의 없습니다.

    자녀가 발달단계상 성숙한 사고와 행동을 할 준비가 되기 전에 그런 것을 기대한다면, 자녀의 정서적 안전감이 위협받고, 부모를 신뢰하고자 하는 아이의 능력과 바람이 약해질 겁니다. 부모를 사랑하는 마음에서, 아기는 최선을 다해 장난감을 공유하려 하고 다른 아이의 느낌을 이해하려고 애씁니다. 그러나 이런 노력을 지속할 수 없을 때 아기는 혼란에 빠지고 실망할 겁니다. 발달단계상 아직은 할 수 없는 일을 하고 싶어 하기 때문입니다. 위협도 뇌물도 아이 행동에 영향을 주지 못합니다. 그런 것은 자녀로 하여금 자기는 부모가 원하는 것을 할 수 없다는 무력감만 느끼게 만들 뿐입니다.

    부모의 기대를 충족시키려고 노력하지만 그렇게 할 준비가 되어 있지 않은 것은 유아기부터 십 대까지의 자녀들에게 흔한 경험입니다. 컵으로 물 마시기, 숟가락으로 먹기, 신발 끈 묶기는 뇌와 근육이 준비되기 전에는 할 수 없는 일입니다. 신체적·개념적 준비가 제대로 되기 전에 부모가 읽기를 기대하면, 아이는 신이 나서 읽는 법을 배우려고 할 수 있습니다. 그러나 자기가 한 것을 평가받거나 놀림 당하거나 또 잘 못한다며 게으름뱅이라거나 멍청이라고 불리면, 아이는 실망할 겁니다. 아이는 흥미도 있고 총명합니다. 아이는 그저 자기에게 요구되고 있는 것을 할 준비가 되어 있지 않을 뿐입니다.

    십 대의 아이들은 자기들만의 단계를 통과해갑니다. 그들은 자기가 직면하는 도전과 성숙해가는 자기만의 시간표를 배려받고 존중받을 필요가 있습니다. 많은 부모가 자기 관점에서 십대 자녀의 판단력이 형편없다며 그들을 가혹하게 다룹니다. 그러나 십대 청소년은 판단력을 길러가고 있는 중입니다. 젊은이의 뇌는 건전한 판단을 할 수 있을 만큼 성숙해질 기회를 필요로 합니다. 십대에게는 연습이 필요하고, 그 과정에서 실수해도 기다려주는 부모의 인내가 필요합니다.

부모가 발달상의 신호를 유심히 살펴서 자녀가 무엇을 할 준비가 되어 있는지 아이보다 먼저 알아차린다면, 자녀는 안전하다고 느끼면서 자기 성장 과정의 다음 단계를 확실하게 준비할 수 있습니다.

자녀의 개성과 학습 스타일을 받아들이자

발달하기 위한 자기만의 시간표를 가지는 것 외에도, 아이는 자기만의 개성과 배우는 방식을 가지고 있습니다. 여러분은 여러분 자녀를 유일무이한 존재로 보고, 아이를 그냥 있는 그대로 받아들이시나요?

다른 아이보다 키우기가 좀 더 쉬운 아이가 있는 건 당연합니다. 여기에는 많은 요인들이 작용합니다. 만약 자녀가 여러분과 매우 다르다면, 그 차이를 받아들이는 것이 힘든 일일 수 있습니다. 예컨대 당신은 책을 읽거나 정원을 가꾸거나 그 밖의 조용한 활동을 하는 걸 좋아하는데 아이는 친구들과 어울려 음악을 듣고 농담을 하고 자기한테 이목이 집중되는 걸 좋아한다면, 여러분은 아이의 자기표현 스타일을 알아주려고 노력해야 할 겁니다. 그런데 여러분을 꼭 닮은 자

> 자기의 감정적인 연쇄반응을 보며 그것이 어떻게 작용하는지 더 잘 이해할수록 자제하기가 그만큼 쉬워진다. 늘 깨어 있고, 속도를 늦추고, 알아차리는 것이 삶의 한 방식이 된다.
> ▶ 페마 초드론

녀를 두었다면, 그건 또 다른 식으로 힘들 수 있습니다. 옆을 봐도 뒤를 봐도 보이는 것 들리는 것이 온통 당신 모습일 테니까요.

아무튼, 존중하는 마음으로 자녀의 욕구를 보면 '떼쓴다', '당돌하다', '징징거린다' 또는 '소심하다' 같은 위험한 꼬리표를 붙이는 일은 피할 수 있습니다. 꼬리표는 자녀를 보는 데, 그리고 그 아이가 세상에 단 하나뿐인 사람이라는 걸 받아들이는 데 방해가 됩니다.

아이는 개성뿐 아니라, 자기한테 가장 알맞은 공부 방식에 관한 특별한 요구 사항들도 가지고 있습니다. 학습 선호도는 아주 어릴 때부터 드러나기 때문에, 꼼꼼히 관찰해보면 아이가 공부를 가장 잘할 수 있는 방법을 찾아낼 수 있고 또 아이가 공부하는 경험을 최대한 잘할 수 있게 해줄 수 있습니다. 정보를 잘 듣는 것으로 가장 잘 배우는 아이가 있는가 하면, 그림이나 도표로 가장 잘 배우는 아이도 있습니다. 자기가 배우고 있는 것을 다른 사람에게 이야기하거나 가르쳐 주면서 더 생생하게 배우는 아이도 많습니다. 어떤 아이는 모형을 만들거나, 그림을 그리거나, 온 몸을 다 써서 행동할 때 가장 잘 배웁니다. 이런 모든 학습 스타일은 이해될 수 있고 다 함께 활용될 수 있습니다.

자녀를 주의 깊게 관찰하고, 자녀와 상호작용할 여러 방법을 실험해보고, 함께 작업할 편안한 장소를 찾아내세요. 자녀가 학교에 들어갈 무렵이 되면, 학교에서 사용하는 전형적인 방법(교과서 읽기, 보고서 쓰기, 철자법 목록에 있는 단어 외우기 등으로 제한되는) 말고도 배우는 데에는 많은 방법이 있다는 점을 주목하세요. 아이가 평생 잘 배우고 익히는 사람이 되도록 공부 환경을 만들어주기 위해 필요하면 도움을 받으세요.[5]

정서적 안전을 유지하려면 연결하려고 노력하자
처음에도, 마지막에도, 그리고 언제나

받아들여주고 보살펴주는 어른과 연결되어 있다는 만족감과 충족감은 자녀가 무럭무럭 자라나는 데 반드시 필요한 것들입니다.

우리가 만난 부모님들은 이런 이야기를 들려줍니다. 하루에도 너무 많은 상호작용이 있고 하루하루가 쏜살처럼 지나가버리곤 할 때 가슴에서 우러나 아이와 연결을 하는 건 어려운 일이라고요. 연결할 시간을 가지지 못할 때에는 상호작용이 종종 타협이나 불화, 그리고 말싸움으로까지 번진 다음에 끝나곤 한답니다. 슬프고, 화나고, 의기소침하고, 가망 없다는 느낌이 고조되고요. 그 순간에 짧게라도 잠

---

[5] 학습 스타일에 관해 더 알고 싶으면, Hodson and Willis, 『자녀의 학습 스타일을 찾아라 *Discover Your Child's Learning Style*』를 보세요.

시 짬을 내서 아이와 상황에, 그리고 스스로에게 귀 기울이고 이해해 보려고 할 때 큰 안도감을 느낀다고 합니다. 스트레스가 많은 상호작용에 더 많은 시간을 들인 결과 그와 비슷하게 힘든 상호작용에서 더 쉽게 더 빨리 연결할 수 있다고 합니다.

자녀와 가장 빨리 연결할 수 있는 가장 쉬운 길은 아이가 하는 말을 존중하며 귀 기울여 듣는 것입니다. 아이가 그 순간에 어떤 식으로든 여러분과 나누려고 애쓰며 표현하고 있는 느낌과 욕구에 주파수를 맞추어 듣는 것이지요. 아이는 언제나 오직 두 가지만을 전달하려 하고 있습니다. 자기가 어떻게 느끼고 무엇을 필요로 하는지를요. 부모가 어떻게 느끼고 무엇을 필요로 하는지를 솔직하게 표현하는 것 또한 진정한 연결을 만들어내는 요소입니다. 그러나 가장 잘 연결하는 데 가장 도움이 되는 것은 아이 말에 먼저 귀 기울여주는 것입니다.

귀 기울여 들을 기회를 찾아보세요. 어떤 부모님은 드라이브를 오래 같이 하면 말하고 듣기가 쉬워진다는 것을 알게 됩니다. 어떤 부모님은 한 아이씩 일대일 일정을 잡기도 합니다. 자녀가 자신을 표현하고 부모가 자기 말을 들어줄 기회가 있을 거라고 믿을 수 있다면, 조르고 징징거리는 일은 줄어들고 느긋해질 수 있을 겁니다. 부모가 자기 말을 들어줄 시간을 내리라는 걸 알기 때문이지요.

분노 놓아 보내기

부모가 힘든 일을 겪으며 감정이 상하면 연결이 끊어질 때가 있습니다. 이때는 되도록 빨리 부모 자녀 사이의 애정 어린 유대를 회복하는 것이 아주 중요합니다. 연결을 회복할 때 부모는 자녀에게 괜찮아, 실수할 수 있어, 사람들은 여전히 널 사랑할 거야, 그리고 사랑받기 위해 완벽해야 할 필요는 없어라는 자신감을 불어넣어줍니다. 아이와 말다툼을 하는 동안이나 하고 난 다음 다시 연결할 때마다 부모는 신뢰와 안전의 고리를 복구할 뿐 아니라 그것을 강화하기까지 합니다. 부모가 언제나 다시 연결하려고 할 거라는 걸 자녀가 깨달으면 상호작용이 쉬워질 것이고, 서로 다투며 허비하는 시간이 훨씬 줄어들 것이며, 문제를 해결하기 위한 수단 방법이 곧 분명해질 겁니다.

> 귀 기울여 듣기는 다른 사람과 함께하고자 하는 가슴의 태도, 진정한 바람이며, 이때 끌어당김과 치유가 함께 일어난다.
> ▶ J. 이샴 J. Isham

어린아이들은 어른들보다 훨씬 빨리 다시 연결하는 경향이 있습니다. 그들에게서 팁을 얻어보세요. 아이는 한 순간 슬프고 풀이 죽어 있다가도, 다음 순간엔 활기가 넘치고 신이 납니다. 아이는 감정이 폭발할 때도 있지만, 그런 감정을 빨리 극복하고 원한을 품지 않습니다. 아이는 놀라운 속도로 과거를 놓아버리고 다음에 무슨 일이 일어나든 새로움과 솔직함으로 되돌아옵니다. 이것은 자녀가 끊임없이 부모에게 주고 있는 배려와 신뢰라는 멋진 선물입니다.

아이는 부모에게서 같은 배려를 받기를 간절히 바랍니다. 그러나 어른들에게는 상처에 매달리는 습관이 깊이 배어 있습니다. 흔히 볼 수 있는 이런 습관 때문에 부모는 자녀 행동에서 더 긍정적인 면을 보지 못하고, 그래서 결국 아이들은 그것을 더는 표현하지 않게 됩니다. 원한을 품는 것은 유아기와 성인기 사이 어디쯤에선가 배운 것이기 때문에, 다행히도 우리는 그것을 배우지 않을 수도 있습니다.

아이와 다투고 난 다음, 여러분이 자신의 판단과 나쁜 느낌을 놓아 보내는 데 시간이 얼마나 걸리는지 보세요. 다음번 괴로움을 주는 상황이 끝난 후, 조금 더 빨리 놓아 보낼 수 있는지 보세요. 가볍게 하고, 재미있게 하세요. 그리고 자녀가 보내는 신호를 지켜보세요. 모든 사람의 느낌과 욕구에 더 집중할수록, 놓아 보냄이 그만큼 쉬워집니다.

모든 "싫어!" 뒤에 있는 "예!" 듣기

부모가 하는 말에 자녀가 저항하거나 거절할 때 부모가 어떻게 하느냐가 자녀의 안전감과 신뢰감에 영향을 미칩니다. 아이가 고집을 피우며 "싫어!"라고 말할 때 여러분은 아이가 하는 행동을 한번 싸워 보자는 선전포고쯤으로 보시나요? 화를 내며 방어하려 들고, 아이에게 설교를 하거나 벌을 줌으로써 아이 마음을 바꾸기 위해 설득하고 싶은가요?

부모 역할 사전에서 "싫어!"는 가장 부담스러운 말일지도 모릅니다. 많은 부모가 "싫어!"라고 말하는 자녀와 싸우는 데 시간과 에너지를 씁니다. "싫어!"는 받아들일 수 없는 반응이지요. 그 말을 들으면 부모는 자기에게 있다고 생각하는 선택 하나하나에 불편해지기 때문입니다. 부모들은 "싫어!"를 받아들여서 자기 태도를 바꾸든가, 아니면 "싫어!"를 받아들이기를 거부하며 자녀가 스스로 태도를 바꾸게 할 방법을 찾든가, 둘 중 하나를 해야만 한다고 생각하니까요.

> 우리 자신이 다른 모든 사람들과 연결되어 있다는 것을 알면, 연민의 마음으로 행동하는 것은 그저 자연스러운 일이다.
> ▶레이철 나오미 레멘
> Rachel Naomi Remen

부모들은 "싫어!"를 듣는 제3의 방법이 있다는 것을 이해함으로써 몇 시간씩 말다툼하는 번거로움을 덜 수 있습니다. 그 방법이란 바로 모든 "싫어!" 뒤에 있는 "예!"를 듣는 것입니다. 자녀가 부모에게 "싫어!"라고 말할 때마다, 아이는 다른 무엇인가에 "예!" 하고 있는 겁니다. 부모가 생각하고 있는 것 말고 좀 더 신나고 흥미롭고 재미있고 도전해볼 만한 일을 시간을 내서 찾아봄으로써, 폭발 직전의 상황을 가라앉히고, 가슴에서 우러나 연결하며, 부모의 관심과 염려를 분명하게 보여줄 수 있습니다.

다음은 부모가 자녀의 "싫어!" 뒤에 있는 "예!"를 듣는 사례입니다. 어머니가 아들 방에 들어가니 아들이 책을 읽고 있었습니다.

어머니: 아빠가 출장 가셔서 시간이 좀 있는데, 이번 주말에 너랑 시간을 같이 보내고 싶어. 오늘 밤 나랑 영화 보러 갈 생각 있니?

아들: 안 돼요, 바빠요.

어머니: ("안 돼요!" 뒤에 있는 "예!"를 찾으며) 그 책에 푹 빠져 있는 것 같구나.

아들: 예. 이 책이 정말 재밌어요.

어머니: (아들이 선택, 휴식, 그리고 혼자만의 시간을 필요로 하고 있음을 알아차리며) 오늘 밤엔 책을 계속 읽고 싶다는 말로 들리네.

아들: 예! 아마 끝낼 수 있을 것 같아요.

어머니: (자기 욕구를 포기하지 않으며) 난 다른 날 저녁에 우리가 같이 영화를 보거나 무언가 다른 걸 하는 데 여전히 관심이 있어. 내 말이 어떻게 들리니?

아들: 좋아요. 일요일 밤은 어떠세요? 그때까진 다 읽을 것 같아요.

아들이 "안 돼요, 바빠요."라고 말했을 때 어머니가 그것을 거절로 받아들이고 반응했다면 어떤 일이 일어났을지 상상해보세요. 어머니는 이렇게 말했을지도 모릅니다. "그래, 다른 일을 할 시간은 있구나." 또는 "뭐가 더 중요해, 책이야 엄마야?" 아니면 "내가 너한테 대단한 걸 부탁한 것 같진 않은데." 그랬다면 십중팔구 아들과 연결이 끊어졌을 테고, 아들과 영화 데이트할 기회도 잃어버렸을 테지요.

다음번에 아이가 "싫어!"라고 말할 때 여러분이 어떻게 반응하는지 눈여겨보세요. 그런 다음 아이가 어떤 욕구에 "예!" 하는가를 들을 수 있는지 보세요. "싫어!" 뒤에 있는 "예!"를 들으면 두 사람 사이의 연결을 유지할 수 있고, 두 사람의 욕구를 충족할 최선의 방법도 보일 겁니다.

안전, 신뢰, 소속감을 유지하기 위해 가족 간의 연결을 튼튼히 하자

부모가 원하는 것이 가정에서 소통을 향상시키는 거라면, 정기적으로 자기 기술을 연습할 곳이 필요합니다. 부모 자녀 사이에 매일 주고받는 상호작용이 향상되면 일대일 관계가 좋아지고, 가족 모임을 가지면 가족 단위를 화목하게 하고자 하는 욕구를 충족하는 데에도 도움이 됩니다.

가족 모임을 가지자

가족 모임은 가족 행사를 계획하고, 관심사를 공유하고, 느낌과 욕구를 확인하고, 욕구를 실현할 방법을 찾고, 개인의 성공을 축하하고, 집안 및 개인의 목표를 설정하고, 잠깐 멈추어 점검하고, 문제 해결을 위한 수단 방법을 찾기 위해서 따로 떼어놓는 시간입니다.

모두에게 안전과 신뢰를 보장하는 모임을 위해 반드시 합의를 하세요. 집단의 각 구성원은 이런 모임에서 자신이 안전하다고 느껴야 기여할 수 있습니다. 목록을 만들어서 손 닿는 데에 두고 모임을 가질 때마다 시작하기 전에 읽으세요. 다음은 부모님들과 아이들이 우리와 함께 나누었던, 안전 욕구를 충족하기 위한 몇 가지 수단 방법들입니다. 참여하되 그냥 듣기만 할 권리, 상대편이 듣고 싶어 하는지 물은 다음 제안하거나 충고하기, 욕하고 윽박지르고 비판하고 비난하고 소리 지르는 일은 없을 거라고 보장하기.(가족 모임을 만들고, 합의 사항을 함께 만들고, 가족과 함께하는 활동을 즐기는 방법에 대해 더 알고 싶으면 3부, '주제: 가족 모임'을 보세요.)

요약

신체적 안전 말고도, 세상은 환영해주는 곳이라고 믿을 수 있는 정서적 안전이 자녀에게는 필요합니다. 부모의 행동과 반응은 자녀가 정서적으로 안전하다고 느낄지 여부에 아주 큰 영향을 줍니다. 부모가 자녀 관점에서 보는 법, 할 수 있을 때마다 부모 자녀 관계의 유대를 강화하는 법, 그리고 가족 단위를 강화하기 위해 공개 토론의 장을 만들어내는 법을 배운다면, 아이들은 편안한 느낌으로 자유롭게 탐험하고 자기들 세계를 누릴 겁니다.

날마다 연습하기

여러분의 행동과 반응을 눈여겨보세요. 그리고 스스로 이렇게 물어보세요. "이것은 정서적 안전과 신뢰에 기여하는가?"

- 여러분이 얼마나 많이 말하고 얼마나 많이 듣는지 눈여겨보세요. 귀 기울

여 듣는 시간을 만드세요.

- 아이와 상호작용하면서, 스스로 이렇게 물으세요. "나는 연결하려고 하고 있나, 아니면 다른 것을 하려고 하고 있나?"
- "싫어!" 뒤에 있는 "예!"를 듣는 연습을 하세요. 우선, 자녀가 언제 "싫어!"라고 하는지 눈여겨보세요. 여러분의 자동 반응을 눈여겨보세요. 그 순간에 자녀가 어떤 욕구에 "예!" 하는지 찾아보세요.

유전자보다는 환경이 중요하다

갓난아기는 어른의 심장박동이 일정한지 그렇지 않은지를 감지하고 그에 공명한다는 것을 신경심장학 연구가 점점 더 많이 밝혀내고 있다.[*] 짜증과 좌절, 분노 같은 느낌은 몸 안에서 심장박동을 무질서하고 불규칙하게 만든다. 감사와 기쁨, 연민, 사랑은 고르고 일정한 심장박동 패턴을 만들어낸다.[**] 그리고 한 사람의 심장박동은 다른 사람의 심장박동에 동조한다.[***] 따라서 부모의 정서적 반응은, 설령 말로 표현하지 않더라도, 아이의 성서석 반응과 행태를 결정할 수 있다.[****] 돌보는 사람의 감정 상태와 갓난아기가 받는 양육과 돌봄의 질이 뇌 발달 및 한 아이가 잘 자랄지 어떨지를 결정하는 그 밖의 다른 요인에 중대한 영향을 미친다.

- [*] Siegel and Hartzell, 『뒤집어 본 부모 노릇 Parenting from the Inside Out』
- [**] Childre and Rozman, 『하트매스 솔루션 The HeartMath Solution』
- [***] Pearce, 『초월 생물학 The Biology of Transcendence』
- [****] Siegel and Hartzell, 『뒤집어 본 부모 노릇 Parenting from the Inside Out』

열쇠 4

주는 것을 북돋우자

핵심 개념

- 주는 것은 인간의 근본 욕구다.
- 부모와 자녀는 서로에게 줄 선물이 많다.
- 자녀가 주는 선물을 받자.
- 자녀에게 거저 주자.
- 자녀가 주는 생기라는 선물에서 배우자.

협력, 즉 '함께 작업하기'는 모든 사람이 함께 나눌 무언가를 가지고 있음을 뜻합니다. 아주 어릴 때에도, 아이들은 부모와 함께 나눌 수 있는 놀랍도록 유쾌한 능력이 있습니다. 아이가 주는 선물을 알아봄으로써, 그리고 그 선물을 감사하게 받는 기술을 발달시킴으로써, 부모는 자신과 자녀에게 기여하고 싶다는 깊은 욕구를 충족합니다. 그리고 이것이 부모와 자녀 각자가 지닌 자기 가치의 핵심에 영향을 미칩니다.

주는 것은 인간의 근본 욕구다

자녀는 부모와 가족 전체의 행복에 기여하려는 욕구를 가지고 있습니다. 앞에서 본 것처럼, 가장 근본적인 부모 역할은 주는 것을 북돋는 겁니다. 다시 말해, 무엇을 나누어야 하며, 어떻게 하면 그것을 상대가 받아들일 수 있는 방식으로 나눌 수 있는지를 젊은이들이 이해하도록 돕는 것입니다. 물론, 주고받기는 서로 교환하는 것을 적극적으로 가치 있게 여긴다, 그리고 아이들이 주는 것의 흐름에 기여할 방법을 적극적으로 찾는다는 뜻입니다. 할 일 목록을 아이들에게 주면서 언제까지 끝마쳐야 한다고 말하는 건 주는 것을 북돋워주지 못합니다. 협박하거나 벌을 주거나 상을 주는 것도 마찬가지고요.

인간은 강요받지 않을 때 자연스럽게 주고 싶어 합니다. 사실, 주는 것은 우리가 얻을 수 있는 가장 큰 기쁨의 원천입니다. 가슴에서

> 주는 것은 상대방 또한 주는 사람으로 만들며, 두 사람 모두 자기가 삶에 가져온 것에 기뻐하며 그것을 함께 나눈다. 주는 행위 안에 내가 살아 있음이 표현된다.
> ▶에리히 프롬 Erich Fromm

우러나서 주는 단순한 행위는 가족 안에서 늘 일어나고 있습니다. 부모는 갓난아기를 편안하게 해주고 먹이기 위해 밤이면 밤마다 일어나지요. 아이는 유치원에서 만든 색색 가지 종이로 포장한 선물을 들고 집으로 달려와서는 신이 나서 아빠가 좋아하는 의자에 놓아둡니다. 가족이 부엌에 모여 저녁을 함께 만듭니다.

부모와 자녀는 서로에게 줄 선물이 많다

아이들도 그렇고 모든 사람은 아이디어나 재능·기술, 그리고 그 밖에 다른 사람과 나눌 수 있는 관심의 열매를 풍성하게 가지고 있습니다. 어떤 이는 노래를 주고, 어떤 이는 자기 뒤뜰에서 가꾼 채소를 주며, 어떤 이는 쿠키를 주고, 어떤 이는 시나 그림을 줍니다. 저마다 가진 모든 기술과 재능은 제쳐놓고라도, 우리 모두가 줄 수 있는 것들이 있습니다. 시간, 에너지, 관심, 귀 기울여주기, 그리고 미소까지. 아픈 사람과 함께 있어주는 것만으로도 도움이 되니, 그렇게 함께하는 시간도 선물이 될 수 있습니다. 가족 중 누가 큰일을 해야 한다면 도움의 손길을 내미는 것이 선물입니다. 친구가 의기소침해 있을 때에는 관심과 귀를 기울여 들어주는 것이 선물일 수 있습니다. 때로는 아이들이 슬퍼하거나 무서워할 때 그저 안아주는 것만도 선물입니다.

> 새는 어떤 해답을 가지고 있어서 노래 부르는 게 아니라, 그저 노래할 뿐이다.
> ▶마야 안젤루 Maya Angelou

태어나는 순간부터 갓난아기들은 아기 특유의 따뜻함, 신뢰하는 눈빛, 미소를 비롯해 자기만이 줄 수 있는 선물을 넘치도록 가지고 있습니다. 모든 연령대의 아이들은 장난기 어린 마음과 웃음, 넘치는 호기심, 솔직함, 애정, 그리고 유머를 끊임없이 줍니다. 만일 부모가 이런 선물을 알아보고 받아줄 수 있다면, 자녀는 자기가 얼마나 힘 있는 주는 사람인지, 자기가 주는 것이 받아들여질 때 얼마나 행복한지 알면서 자라날 겁니다.

아이가 줄 선물을 이토록 많이 가지고 있는데, 어째서 부모들은 하나같이 어린 자녀가 집 안에서 지내는 모습에 불평들을 하는 걸까요? 많은 이들이 자기가 무언가 줄 것을 가지고 있다는 생각을 하지 못합니다. 기여는 기꺼운 마음으로 행해져야 한다는 것을 부모가 인식하지 못할 때가 종종 있습니다. 부모는 자주 부정적인 것에 집중하는 바람에 자녀가 긍정적으로 기여하는 것을 알아줄 시간을 가지지 못합니다. 자녀가 무엇을, 언제, 어떻게 기여'해야만 하는지'에 대한 자기 나름의 행동 지침에 집착하는 부모들이 많습니다.

여기, 아들이 주는 선물을 알아보고 받아주는 시간을 가진 한 부모의 이야기가 있습니다. 아빠는 자기도 옷을 입고 또 여섯 살짜리 아들 조시에게도 옷을 입히며 서둘러 외출 준비를 하고 있었습니다. 그래야 조시를 학교에 데려다주고 자기도 제시간에 일하러 갈 수 있기 때문입니다. 그런데 조시가 신으라는 양말은 신지 않고, 신이 나서 방방 뛰기 시작하며 자기가 방금 생각해낸 농담을 하기 시작하는 것이었습니다. 그걸 보자 아빠는 짜증이 밀려 올라오면서 하마터면, "자, 자, 농담할 시간 없다. 우린 가야 해, 지금!" 하고 말할 뻔했으나, 이 말을 속으로 꿀꺽 삼켰습니다. 그 말을 하면 두 사람 모두 스트레스를 더 받게 되리라는 걸 알고 있었으니까요. 그는 멈추고, 호흡을 하고 나서, 이렇게 말했습니다. "조시, 네가 떠올린 그 농담을 말하고 싶은 생각에 얼마나 신이 나는지 알겠어. 그리고 나도 그걸 듣고 싶어. 난 너랑 같이 웃는 게 정말 좋거든. 그런데 차 안에서처럼, 아빠가 정말로 느긋하게 들으며 같이 즐길 수 있을 때 그 농담을 들려주면 좋겠다. 빨리 옷 입고 차 타고 가면서 들려줄래?" 조시는 그렇게 할 수 있었지요. 이 방법이 이 사례처럼 언제나 부드럽게 잘 통하지는 않겠지만, 아이를 밀쳐내는 대신 아이가 주는 선물을 받아줄 시간을 가지는 것은 길게 볼 때 언제나 효과가 있습니다.

> **혼자 탐구하기**

자녀가 주는 선물 목록을 만들어보세요.

1. _____
2. _____
3. _____
4. _____

5. _____
6. _____
7. _____

자녀가 주는 선물을 받자

기꺼이 받는 것은 부모가 자녀에게 주는 또 하나의 선물입니다. 가슴에서 우러나서 알아주고 진심으로 감사하며 선물을 받는 것은 주는 사람과 받는 사람 사이에 기꺼이 하기의 흐름을 만들어 냅니다.

> 우리가 우리 아이에게 줄 수 있는 가장 큰 선물은 우리가 가진 많은 것을 아이와 나누는 것만이 아니라, 아이가 얼마나 많은 것을 가지고 있는지 스스로 알게 해주는 것이다.
> ▶스와힐리 격언

다른 사람들의 행복에 기여하려는 욕구는 근육과 조금 비슷합니다. 사용하지 않으면 잃어버릴 각오를 해야 하는 것이지요. 근육은 쓰지 않으면 약해지고 결국엔 퇴화하고 맙니다. 그와 마찬가지로, 선물이 인정받고 받아들여지지 않으면 아이는 실망해서 주려는 마음을 잃어버립니다.

자녀가 자발적으로 하는 행동을 선물로 보고 받아줌으로써, '선물'이란 그저 가게에서 사는 것이라는 믿음에서 아이를 구해낼 수 있습니다. 부와 돈을 흔히 동일시하는 사회에서는, 젊은이들이 물건을 살 돈이 많지 않은 이상 자기들은 쓸모없고 힘도 없어서 다른 사람에게 아무것도 줄 수가 없다고 생각하기 쉽습니다. 자녀가 기꺼이 주는 선물을 부모가 알아줄 때, 아이는 자신을 힘 있는 주는 사람으로 보면서 성장할 겁니다. 자기 선물이 받아들여지는 데 따르는 자연스러운 결과로서, 자녀들이 부모가 주는 한결같은 선물의 흐름을 알아보고 고마워할 가능성은 더 커집니다.

아이가 주는 선물을 여러분이 받아들이고 있다는 걸 아이가 알게 할 방법이 몇 가지 있습니다. 아이가 주는 것을 받으면서 여러분이 어떻게 느끼는지를 나누는 것, 그리고 그 선물을 받음으로써 여러분의 어떤 욕구가 충족되었는지를 나누는 것입니다. "오늘 아침 네가 학교 가려고 집을 나서면서 나를 보고 크게 미소 지었잖아. 그걸 보며 난 정말 행복했어. 그렇게 짧게 연결하는 순간이 난 참 좋아."

여러분이 가슴에서 우러나 주고 있다고 생각해보세요. 다른 사람에게 줄 수 있는 (돈이 들지 않는) **것들의 목록을 만들어보세요.**

다른 사람에게서 받을 수 있는 (돈이 들지 않는) **것들의 목록을 만들어보세요.**

> **함께 탐구하기** 선물 축하하기

가족 모두를 초대해서 각자가 줄 수 있는 선물에 대해 글을 쓰거나 그림을 그려보라고 하세요. 가족끼리 서로 그런 선물을 생각해내도록 여러분이 도와줄 수 있습니다. 한 페이지에 선물들을 다 적거나 아니면 종이 한 장에 선물 하나를 쓰고 설명을 써넣습니다. 목록을 적은 종이들을 바인더로 묶은 다음 거기에 제목을 붙이세요. 이를테면, '가족 선물 책'처럼. 새로운 선물이 떠오르면 그 책에 추가하세요. 이 책을 감사의 원천으로, 각자가 기여할 수 있는 힘을 가지고 있다는 것을 상기시켜주는 리마인더로 활용하세요.

> **함께 탐구하기** 감사 노트

3부('삶을 풍요롭게 하는 연습' 주제 안에 있는 감사 노트)에 제시된 감사 노트를 몇 장 복사해서 식탁 가까이에 놓아두세요.

저녁 식사 전에 노트에 적은 다음, 접어서 자녀의 수저 옆에 놓아주세요.

자녀에게 거저 주자

"삶에서 가장 좋은 것들은 공짜다." 그런 것은 돈이 들지 않습니다. 그러나, 그리고 더 중요한 것은, 그런 것은 거저 주어진 것이라는 겁니다. 아무 조건이 없다는 말이지요. 무언가를 돌려받으리라는 기대 없이 거저 주는 것, 또는 의무감이나 죄책감, 두려움 없이 거저 주는 것은 다른 사람들이 당신에게 거저 주도록 마중물을 붓는 것입니다. 그리고 그렇게 기꺼이 주고받을 때 주는 사람과 받는 사람 모두 큰 기쁨과 진정한 연결을 느낍니다.

보답으로 무언가를 기대한다면 주는 데서 얻는 이 기쁨은 크게 줄어들 겁니다. '주어야 한다'는 의무감에서 줄 때에도 가슴에서 우러난 연결의 흐름은 없을 겁니다.

만일 여러분이 성을 내고 있다면, 그건 어쩌면 자신이 무언가 조건을 붙여서 주고 있기 때문일지 모릅니다. 어쩌면 일이 너무 많아서 할 일을 줄여야 할지 모릅니다. 어쩌면 남에게 부탁하거나 다른 사람을 고용해도 되는 일을 자기가 해야 한다고 생각하고 있을지 모릅니다. 일이란 어떻게 되어야 한다는 자신의 기준 때문에 필요 이상으로 바쁘게 지내고 있을지 모릅니다.

그냥 주고 싶어서 누군가에게 주었던 때를 구체적으로 떠올려보세요.

- 무엇을 주었나요?
- 그 일로 상대편은 어떤 욕구가 충족되었을까요?
- 그 일로 여러분은 어떤 욕구가 충족되었나요?
- 그냥 주고 싶어서 주었을 때 여러분은 어떤 느낌이 들었나요?

주어야 하다는 생각으로 누군가에게 주었던 때를 구체적으로 떠올려보세요.

- 무엇을 주었나요?
- 그 일로 상대편은 어떤 욕구가 충족되었을까요?
- 그 일로 여러분은 어떤 욕구가 충족되었나요?
- 주어야만 한다는 생각으로 주었을 때 여러분은 어떤 느낌이 들었나요?

> **함께 탐구하기** **가슴에서 우러나서 주기**

가족끼리 돌아가며 그날 하루 동안 다른 사람이나 자기 자신에게 거저 주었던 순간에 대해 나눕니다.

> 주는 것은 두 사람, 즉 주는 사람과 받는 사람을 연결하며, 이 연결은 소속감이라는 새로운 느낌을 만들어낸다.
> ▶디팩 초프라 Deepak Chopra

- 그 선물을 준 사람에게 충족된 욕구뿐 아니라 받은 사람에게 충족된 욕구에 대해 토론해보세요.
- 주었던 일을 그림으로 그려보고 그 그림을 서로 나누세요.
- 주는 방식이 전부 다르다는 것을 눈여겨보세요.
- 그냥 주고 싶어서 줄 때 어떤 느낌인지 눈여겨보세요.

자녀가 주는 생기라는 선물에서 배우자

어떤 면에서는 부모가 자녀의 삶을 이끌어주는 것만큼이나 자녀도 부모 삶을 이끌어줍니다. 아이는 삶이 얼마나 생동감 있고 매력적일 수 있는지를 일깨워주는 영감의 원천이자 리마인더가 되기 위해 부모의 삶으로 들어온다고 우리는 믿습니다. 아이들에게는 세상이 거대한 도서관이며, 아이들은 그곳을 아주 진지하게 탐험합니다. 그들과 함께 관찰하고 실험하세요. 그리고 그들에게서 배우세요. 자녀는 어떻게 하면 삶을 깊이 사랑할 수 있는지를 부모가 기억하도록 도와줄 수 있기 때문입니다.

> 가장 힘든 싸움은 당신을 다른 사람들과 똑같이 만들려고 밤낮 없이 최선을 다하고 있는 세상에서 당신 자신 말고는 아무도 되지 않는 것이다.
> ▶E. E. 커밍스E. E. Cummings

아이들은 놀고, 탐험하고, 깔깔 웃고, 놀라면 소리를 지릅니다. 아이들은 자기들과 함께하자고 우리에게 끊임없이 초대장을 보냅니다. 그들의 초대를 받아들이고 그들 세계 속으로 건너가세요. 그들이 당신 세계로 가져다주기를 바라는 만큼의 정신과 기꺼이 하려는 마음을 가지고 가세요. 그들이 당신의 눈과 귀가 되게 하세요. 난생처음으로 모래 위를 걷는 것, 두 바퀴 위에서 균형을 잡으며 쌩 하고 달려가는 것, 데이지 꽃잎을 떼어내며 꽃이 뒤로 약간 당겨지는 것을 감지하는 것, 난생처음으로 비행기 소리나 바람 소리 또는 까마귀 소리를 듣는 것이 어떤 느낌일지 상상해보세요. 그들의 경외감이 여러분의 경외감일 수 있습니다. 아이들은 그것을 여러분과 함께하기를 기꺼운 마음으로 기다리고 있습니다.

여러분의 십 대 자녀는 당신도 한때는 사교 파티 같은 데서 얼마나 힘들고 어색해했었는지를 떠올리게 해줍니다. 그들이 바로 지금 느끼고 있는 것과 똑같이요. 그들은 숙제하기가 얼마나 지루했는지, 첫 데이트하러 갈 때 얼마나 흥분했고 또 겁도 났었는지 떠올리게 해줍니다. 십 대가 된다는 것이 어떤 것인지를 십 대 자녀가 당신에게 떠올리게 하도록 기꺼이 허락하려는 마음은 그들이 지금 살아가고 있는 모습 그대로의 그들의 삶과, 그리고 그들의 가슴과 당신을 잇는

Part 2 – 존중과 협동을 위한 토대

연결고리입니다.

요약

다른 사람들의 행복에 기여하려는 것은 근본 욕구입니다. 아이들도 마찬가지지요. 자녀가 주는 선물을 부모가 알아보고 받아줄 때, 부모는 자녀가 가진 주고자 하는 자연스러운 바람을 북돋워주는 겁니다. 아이들은 언제나 자기 자신을 내어주고 있습니다. 자기의 생기를, 자기의 웃음을, 자기의 사랑을. 부모는 이 귀중한 선물을 받고 거기에서 배우라는 초대를 받고 있습니다.

날마다 연습하기

아이가 주는 선물을 눈여겨보고 알아주세요.

- 아이가 자기는 힘 있는, 주는 사람이라는 것을 경험하게 할 방법을 찾아보세요.
- 당신이 주고 있을 때 그냥 주고 있는지 아니면 거기에 조건이 붙어 있는지 눈여겨보세요.

열쇠 5

존중하는 말을 하자

핵심 개념

- 자기 의도를 기억하자.
- 대화의 흐름을 눈여겨보자.
- 명확하게 관찰하자, 평가를 섞지 말고.
- 느낌과 욕구에 연결하자.
- 실행할 수 있는 부탁을 하자.
- 공감으로 듣자.

아이에게 무슨 말인가 해놓고 나서 그 말을 취소할 수 있으면 좋겠다고 생각한 적이 얼마나 많은가요?

> 비폭력대화의 목적은 우리 뜻대로 하기 위해 사람들을 그리고 그들의 행동을 바꾸려는 것이 아니다. 결국엔 모든 이의 욕구를 실현하게 해줄 정직과 공감에 바탕을 둔 관계를 확립하려는 것이다.
>
> ▶마셜 로젠버그

"그렇게 말하려던 게 아니었는데!"라거나 "이런 말이 어디서 나왔지?" 같은 말을 얼마나 자주 하셨나요?

'엄마가 화났을 때 하던 말과 똑같이 하고 있네!' 어느 순간 문득 알아차리는 이런 경험을 얼마나 많이 해보셨나요?

말은 중요합니다! 말은 갈등에 부채질하고 기름을 끼얹을 수 있습니다. 말은 또 존중하고 이해하게 하는 힘과 협력할 마음을 먹게 하는 힘도 갖고 있습니다. 좋은 소식은 여러분이 자녀와 연결할 수 있는 능력을 크게 향상시킬 수 있다는 것입니다. 판단하고 비판하고 비난하고 강요하는 대신, 존중하는 마음으로 계속해서 욕구에 초점을 두는 말을 배우고 익힌다면요.

이 책에 있는 모든 것은 좀 더 의식을 가지고 존중하는 마음으로 말을 사용하게 해주는 생각하기, 듣기, 행동하기 방식을 확립하는 것에 관한 것입니다. 이번 열쇠는 특히 비폭력대화NVC의 특정 요소에 초점을 맞추고 있습니다. 이 기술을 배우면 여러 가지 방법으로 도움을 받을 수 있습니다. 판단하고 비난하고 비판하고 강요하는 것에서 존중과 연민의 마음으로 생각하고 보는 것으로 완전히 바꿔놓을 수 있습니다. 또, 다른 사람 말을 존중하는 마음으로 귀담아듣는 방법, 그리고 솔직하고 존중하는 마음으로 자신을 표현하는 방법을 안내받을 수 있습니다.

이 존중하는 말은 많은 이름을 가지고 있는데, '비폭력대화', 연민의 대화, 효과적인 대화, 가슴의 언어 등이 그에 포함됩니다. 또, 배움과 재미를 위해 '기린 말'이라고 부르기도 합니다. 기린은 큰 심장(약 13킬로그램!)을 가졌기 때문에, 그리고 목이 길어서 시야가 넓기 때문에 상징 동물로 선택되었습니다. 그 반면에, 판단하고 비난하고 비판하고 잘못을 지적하고 강요하는 생각과 말은 '자칼 말'이라고 부릅니다. 이런 은유는 두 종류의 사고를 편리하고 재미있게 나타내기 위해 쓰는 말이지, 두 종류의 사람들이 있다는 믿음을 뒷받침하려는 것이 아니라는 점을 명심하시기 바랍니다. 누구라도 자칼처럼 생각하고 듣고 말할 수 있습니다. 또, 누구라도 연결하고 존중하는 새로운 말을 바로 지금 배우기 시작할 수 있습니다.(기린과 자칼에 대해 더 알고 싶으면, 3부, '주제: 기린 문화와 자칼 문화'를 보세요.)

자기 의도를 기억하자

말은 중요합니다. 그러나 소통의 90퍼센트는 여전히 의도입니다. 연결하고자 하는 의도를 분명하게 의식하지 못한다면, 제아무리 잘 다듬어 표현한다 해도 공허하고 조종하려는 말로 들릴 수 있습니다. 기린 말을 하는 유일한 의도는 자기 자신과 그리고 다른 사람들과 가슴에서 우러나 연결하려는 것, 그럼으로써 모든 사람의 욕구를 존중하고 돌보려는 것임을 기억하세요.

다음 질문을 사용해서 어떤 상호작용에서든 자신의 의도를 점검해보세요.
- 나는 지금 연결하기를 원하는가?
- 아니면 내가 옳다고 생각해서 내 뜻대로 하고 싶은가?

만약 내가 옳다고 생각해서 내 뜻대로 하기를 원한다면, 아직 다른 사람과 연결할 준비가 되어 있지 않은 겁니다.(이 열쇠에 있는 대화 흐름도를 보세요.)

자신의 의도를 자신의 말로 적어보세요.

부모 자녀 관계에서 무엇을 만들어내고 싶은가요?

다음번에는 어떤 의도를 가지고 자녀와 상호작용하고 싶은가요?

의도를 기르는 시간을 가지세요. 자녀와 그리고 다른 모든 이들과의 사이에서 매일같이 일어나는 똑같은 상호작용에 응답하고 반응하면서 매몰되는 건 아주 쉽습니다. 정기적으로 자신의 의도에 자양분을 주는 습관을 들여보세요. 바쁜 나날들 속에서도 더 정기적으로 그것을 기억할 수 있을 겁니다. 특히 여러분이 그것을 가장 필요로 할 때!

우리 언어 습관이 우리가 세상을 상상하는 방식의 핵심이다.
▶닐 포스트먼 Neil Postman

기린 말을 배우고 익히면 의도를 기르는 데 도움이 됩니다. 그 밖에 의도를 기르는 데 도움이 되는 다음과 같은 방법들이 있습니다. 아침에 하루를 시작하기 전에 잠시 자신의 의도를 기억하는 시간 가지기, 격한 상호작용을 하는 도중에 심호흡하면서 자기 공감하기, 자연에 머무르는 시간 가지기, 영감을 주는 책 읽기, 명상하기, 노래 부르기, 춤추기, 글쓰기, 드로잉하기, 그림 그리기 등.

대화의 흐름을 눈여겨보자

어떤 대화에든, 일종의 통행 흐름이 있습니다. 어떤 때는 표현하고 어떤 때는 듣습니다. 때로는 뒤로 물러나서 누가 말하고 누가 듣는

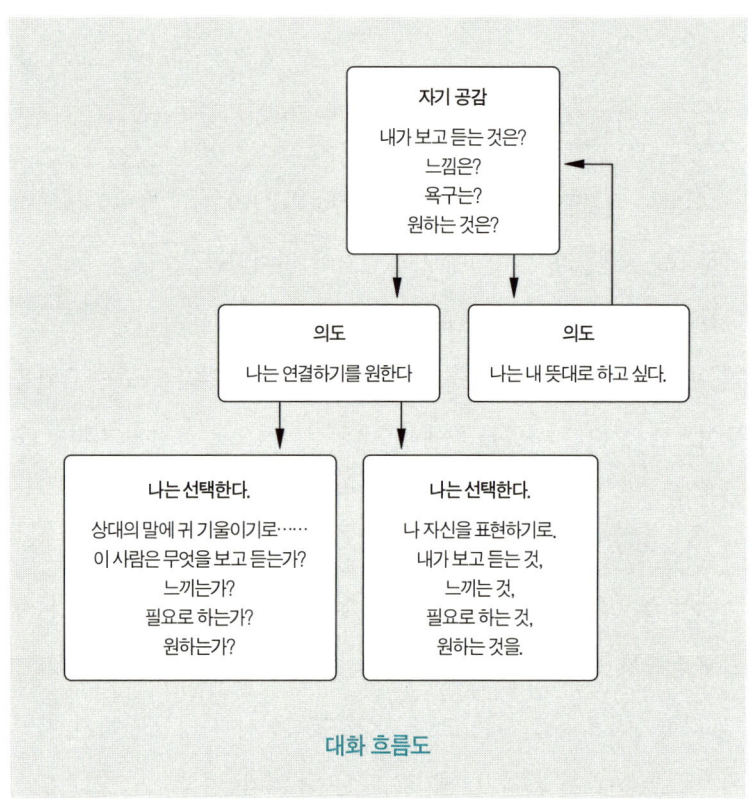

대화 흐름도

지 눈여겨보는 것이 도움이 됩니다. 당신과 아이가 동시에 말하면서 아무도 진정으로 듣고 있지 않다는 것을 알아차린 적 있나요? 대화하는 사람들 각자가 자기 말이 들리게 하려면, 누군가는 이따금씩 뒤로 물러나 귀 기울여야만 할 겁니다. 기린 말은 여러분이 말하고 싶은 것을 양보하거나 포기하지 않으면서 이 중요한 듣기를 할 수 있는 방법을 보여줍니다.

대화의 흐름을 알아차린다면, 주의를 어디에 쏟아야 할지에 대해 더 많이 선택할 수 있습니다. 여러분은 다음 세 가지 상호작용 방법 가운데 하나를 선택할 수 있습니다. 자신의 느낌과 욕구를 자기 공감 self-empathy 으로 '들어주기'. 상대편의 느낌과 욕구를 공감 empathy 으로 '들어주기'. 아니면, 자신의 느낌과 욕구를 솔직하게 '표현하기'. 기린 말은 최고의 연결점을 찾을 가능성이 있는 곳에 바탕을 두고 어디에 집중할지를 선택하라고 제안합니다.

예컨대 부모가 무슨 말인가를 해야 하는데 딸이 너무 화가 나서 부모 말을 들을 수 없다면, 최고의 연결점은 부모가 딸의 말을 들어주는 데서 찾아질 겁니다. 아니면, 부모가 너무 화가 나서 딸의 느낌과 욕구를 들어줄 수 없다면, 최고의 연결점은 부모 안에서 일어나고 있는 것에 먼저 귀를 기울일 때 찾아질 겁니다.

기린 말은 주의의 초점을 '어디에' 둘지 안내할 뿐 아니라, '무엇에' 둘지도 분명하게 안내해줍니다. 그 목록에는 다음 세 가지 항목이 있습니다. (1) 명확하게 관찰하기 – 평가를 섞지 말고, (2) 느낌과 욕구에 연결하기, 그리고 (3) 실행 가능한 부탁을 하기. 기린 말의 이 요소들을 앞으로 하나씩 소개하겠습니다. 소개는 매우 간략하게 하고, 익히고 연습하는 활동을 많이 할 겁니다. 홈페이지(www.krnvc.org)를 방문하시면 더 많은 자료를 찾아보실 수 있습니다.

> 내 삶에서 내가 원하는 것은 연민에 바탕을 둔, 나와 다른 사람들 사이의 흐름이며, 연민이란 가슴에서 우러나 서로 주는 것이다.
> ▶마셜 로젠버그

기린 표현하기

나는 내가 할 수 있는 만큼 솔직하게 말한다.
내 관찰, 느낌, 욕구, 부탁을.

관찰   내가 보고 듣는 것을 말한다.
"내가……을 들었을 때/보았을 때"

느낌   내가 어떻게 느끼는지 말한다.
"나는……느낀다."

욕구   내가 무엇을 필요로 하는지 말한다.
"왜냐하면 나는……가 필요하기 때문이야."

부탁   내 욕구를 충족해주리라고 예상되는 것을 요청한다.
"바로 지금 나는……라면 좋겠어."
"네가……할 마음이 있다면"

기린 듣기/공감

나는 최선을 다해 추측한다.
상대편의 관찰, 느낌, 욕구, 부탁을.

관찰 상대편이 보고 듣는 것을 추측한다.
"네가 ……을 보았을 때/들었을 때"

느낌 상대편의 느낌을 추측한다.
"넌 …… 느끼니?"

욕구 상대편의 욕구를 추측한다.
"왜냐하면 너는 ……이 필요하기 때문에?"

부탁 상대편의 욕구를 충족하는 데 무엇이 도움이 될지 추측한다.
"넌 지금 …… 했으면 좋겠어?"

명확하게 관찰하자, 평가를 섞지 말고

기린 말로 자기를 표현하는 첫 단계는 자신이 무엇에 반응하고 있는지를 명확하게 기술하는 것입니다. 평가를 섞지 않고 관찰할 수 있는 기술은 자녀와 연결하는 데 매우 큰 도움이 될 겁니다. 예를 들어 부모가 아들에게 "너, 오늘 아침에 너무 버르장머리 없었어."라고 말하면 아이는 그 말을 비판으로 듣기 쉽고, 그러면 아이는 말다툼을 하든 입을 닫든, 자신을 방어하고 싶을 겁니다. 그러는 대신 부모가 일어난 일을 명확하게 관찰한다면, 아들이 더 많이 듣기 위해 머무를 가능성이 더 커질 겁니다. 명확한 관찰은 이렇게 들립니다. "오늘 아침에 너한테 '안녕!' 하고 말했는데, 넌 딴 데를 쳐다보더라."

평가를 섞지 않고 명확하게 관찰하는 기술을 개발하려면, 비디오 카메라 렌즈를 통해서 보는 것처럼 보면 됩니다. 여러분이 보는 것(또는 듣거나 기억하는 것)은 정확하게 무엇인가요? 평가하지 않고 생생하게 관찰할 때, 여러분은 자녀와 연결하기 위한 첫걸음을 내디디며 더 많은 대화를 시작할 수 있습니다.

다음에 나오는 각각의 문장을 들으면 자신이 어떻게 반응할지 상상해보세요. 말하는 사람의 목소리 톤과 자세도 말 뒤에 있는 메

시지를 전달한다는 점을 명심하세요.

> 평가하지 않고 관찰하는 것이야말로 인간 지성의 최고 형태다.
> ▸J. 크리슈나무르티

- 넌 내 말을 듣는 법이라곤 없지.(평가)
- 내가 너한테 말하고 있는 동안 네가 책을 보고 있는 걸 봤어.(명확한 관찰)

- 너 게으름 피우고 있구나.(평가)
- 지금 열 시인데 너 아직 안 일어났네.(명확한 관찰)

- 넌 책임감이 없어.(평가)
- 오늘 밤 네가 개에게 밥을 주겠다고 했는데, 내가 보니 통조림 캔이 그대로 있구나.(명확한 관찰)

느낌과 욕구에 연결하자

명확한 관찰을 한 다음에는 느낌과 욕구를 표현하세요. 욕구 의식 consciousness of needs 은 기린 말의 핵심입니다. 욕구는 우리를 연결해주는 것임을 기억하세요. 나이, 관습, 민족성에 상관없이, 또는 부모건 자녀건 모두가 같은 욕구를 가지고 있기 때문입니다. 여러분이 표현하고 있건 듣고 있건 간에 초점이 욕구에 맞춰져 있다면, 더 잘 이해하고 더 잘 연결할 수 있습니다.

느낌은 욕구를 알려주는 귀중한 메신저입니다. 욕구가 충족되고 있으면 행복하다, 신난다, 만족스럽다 같은 느낌을 경험하겠지요. 슬픔, 걱정, 좌절감, 짜증 같은 느낌은 욕구가 충족되지 못하고 있다고 당신에게 알려줍니다. 자신의 욕구에 주의를 기울이게 해주니 얼마나 훌륭한 시스템입니까! 느낌은 또한 자녀의 욕구를 여러분에게 보여주기도 합니다. 이런 점에서, 어떤 느낌 메시지라도 모두 다 도움이 됩니다.

느낌은 욕구에 뿌리를 두고 있습니다. 아이 느낌은 그 아이 욕구에 뿌리를 두고 있습니다. 딸이 안전 욕구가 충족되지 않고 있다면 딸은 겁에 질리겠지요. 우정 욕구가 충족되지 않으면 딸은 외로움이나 슬픔을 느끼겠지요. 성취 욕구가 충족되면 딸은 신이 나거나 자랑스러울 겁니다. 기린 말은 느낌과 무엇이 그 느낌을 일으켰는지에 관한 진실을 표현할 수 있게 해줍니다. 느낌은 결코 다른 사람 때문에 일어나는 것이 아니라는 점에 주목하세요. 따라서 "당신은 나를 행복하게 해." 또는 "네가 날 화나게 해." 같은 표현은 기린 말에서는 사용하지 않습니다.

기린 말 문법은 느낌에 대한 이런 책임을 매우 명확하게 합니다. 기린 말로 표현할 때에는 이렇게 말합니다. "나는 _____이 필요하기 때문에 _____ 느껴." 그리고 아이의(또는 다른 누군가의) 말을 들어줄 때에는, 그들의 느낌과 욕구를 추측해보면서 이렇게 말합니다. "너는 _____이 필요하기 때문에

_____ 느끼니?"

- 나는 이해가 필요했는데 이해를 받았기 때문에 안도감을 느껴.
- 나는 네가 괜찮을 거라는 믿음이 필요하기 때문에 걱정돼.
- 나는 지지가 필요했는데 네가 지금 나를 지지해주고 있어서 고마워.
- 네 말에 귀 기울여주는 게 필요하기 때문에 좌절감을 느끼니?
- 이 문제에서 네가 더 많은 선택을 하고 싶기 때문에 마음이 불편하니?
- 하루 종일 놀았기 때문에 기분이 좋니?

  (느낌과 욕구에 대해 더 알고 싶으면 열쇠 2를 보세요.)

분노 변형시키기

짜증, 심한 초조, 그리고 특히 분노 같은 강한 느낌은 대개는 한데 뒤섞여서 당신 느낌에 불을 지피는 생각이 있다는 걸 뜻합니다. 이런 생각은 다른 사람들이 여러분에게 하고 있다고 스스로 믿는 것 또는 그들이 '해야만 한다'고 여러분이 믿는 것과 관계가 있습니다. 여러분과 여러분 자녀는 분노가 가진 에너지를 바꾸고, 분노를 일으키는 생각을 알아차리고, 분노 밑에서 욕구가 보내고 있는 메시지를 들음으로써 분노를 변형시키는 법을 배울 수 있습니다.(분노 변형시키기에 관한 단계별 훈련에 관해서는, 3부, '주제: 삶을 풍요롭게 하는 연습' 중 분노 변형시키기를 보세요.)

욕구 목록

우리 모두에게 필요한 것

재미

놀이

배움

선택

신체적 양육
공기, 물, 주거, 운동, 음식, 보호, 성적 표현, 접촉, 휴식

자기 자신과의 관계
능력, 도전, 명료함, 성취, 사생활, 알아주기, 인테그리티, 의미, 진정성,
자기 계발, 자기 재능과 재주 알기, 자기표현, 자존감, 창조성

다른 사람들과의 관계
감사, 누군가에게 중요한 사람이기, 공감, 공동체, 따뜻함, 사랑,
삶의 기쁨과 슬픔 나누기, 서로기댐/상호의존, 소속, 신뢰, 안심, 이해,
재능과 재주 나누기, 정서적 안전, 정직, 존중, 지지, 친밀함, 친절, 함께하는 힘

세계와의 관계
아름다움, 자연과의 접촉, 영감, 조화, 질서, 평화

- 이 목록은 완성된 것이 아닙니다. 여기에 추가하고 다듬어보시기를 권합니다.

느낌말 목록

욕구가 충족되었을 때	욕구가 충족되지 않았을 때
편안하다, 충만하다, 흡족하다, 마음이 편안하다, 느긋하다, 안전하다/안심할 수 있다	**불편하다**, 불안하다, 짜증스럽다, 위험하다, 비참하다, 어리둥절하다
원기를 회복하다, 상쾌하다, 활기차다, 초롱초롱하다, 느긋하다, 생기 넘치다, 강하다/힘차다	**피곤하다**, 기진맥진하다, 생기 없고 나른하다, 힘이 없다, 몽롱하다, 활기 없다
흥미롭다, 호기심을 느끼다, 신나다	**흥미 없다**, 지루하다, 시시하다/재미없다
기쁘다, 행복하다, 희망차다, 감사하다, 흥분하다, 쾌활하다/밝고 활기차다	**슬프다**, 불행하다, 실망하다, 답답하다, 외롭다, 침울하다/우울하다, 상심하다
평화롭다, 고요하다, 맑고 투명하다, 자족하다	**불안[초조]하다**, 걱정되다, 혼란스럽다, 긴장하다
정답다, 마음이 이어지다, 따뜻하다, 열려 있다, 다정하다, 상냥하다, 자애롭다	**몹시 흥분하다**, 화나다, 짜증 나다, 속상하다, 적잔감을 느끼다, 몹시 화가 나다, 답답하다
고마워하다, 감사하다, 고맙게 여기다	**약 오르다**, 실망[낙담]하다, 비통하다
명랑하다, 흥미진진하다, 생기 넘치다	**겁먹다[겁에 질리다]**, 망설이다, 얼떨떨하다
영감을 받다, 고무되다, 열망하다	**두렵다**/~까봐 걱정이다, 무섭다, 걱정되다, 꼼짝할 수 없다

- 이 느낌말 목록은 느낌 어휘를 늘리고 풍부하게 해주는 자료입니다. 가족과 함께 이 목록에 덧붙여 보시기를 권합니다. 더 많은 느낌말 목록을 알고 싶으면, 마셜 로젠버그가 쓴 『비폭력대화: 일상에서 쓰는 평화와 공감의 언어』 또는 국제비폭력대화센터(www.cnvc.org), 한국비폭력대화센터(www.krnvc.org) 홈페이지에 있는 느낌말 목록을 참조하세요.

실행할 수 있는 부탁을 하자

자기 욕구를 알고 그것을 표현할 수 있을 때 비로소 사람들이 무엇을 해주면 자신의 욕구가 충족될 수 있는지에 관해 분명한 부탁을 할 수 있습니다.

기린 말은 지금 여러분을 돕기 위해 다른 사람들이 할 수 있는 구체적인 행동이 무엇인지를 그들에게 말하도록 여러분을 안내합니다. 실행할 수 있는 부탁을 해야 사람들이 여러분을 도울 수 있습니다.

다음 세 가지 예는 특정한 시간 안에 특정한 행동을 하도록 요청하고 있는 실행할 수 있는 부탁입니다.

- 10분만 시간을 내서 거실 치우는 걸 도와줄 마음 있니?
- 음식 먹기 전에 네가 손 씻는 걸 기억할 방법을 지금 나랑 같이 브레인스토밍 해볼까?
- 나 통화하니까 지금부터 10분 동안 목소리를 낮춰주겠니?

다음은 실행할 수 없는 부탁의 예들입니다.

- 집안일 좀 거들어줄래?
- 지금부터는 음식 먹기 전에 손 씻는 걸 기억하겠니?
- 좀 더 배려해줄래?

부탁 대 강요

자신이 강요가 아닌 부탁을 했는지 아닌지를 어떻게 아시나요? 부모가 자기 욕구를 표현하고 지금 실행할 수 있는 무언가를 부탁하면 자녀는 부모가 그 욕구를 충족하도록 돕고 싶은 마음이 더 커질 겁니다. 그런데 부모가 부탁할 때 아이가 충족하고 싶은 다른 욕구가 있어서 싫다고 할 수 있습니다. 그 말을 듣고 나서 어떻게 느끼고 행동하는지를 보면, 부모가 부탁을 했는지 강요를 했는지 알 수 있습니다. 부탁을 했는데 "싫어요!"라는 말을 들었을 때 속상하다면, 아마 강요를 했을 겁니다. 부탁하는 거라면, "싫어요!"를 자녀와 연결할 수 있는 또 다른 지점으로 받아들일 수 있을 겁니다.(모든 "싫어!" 뒤에 있는 "예!"를 듣는 법에 관해 더 배우고 싶으면 열쇠 3을 보세요.)

생각과 느낌을 구별하는 법

느낌은 두 단어를 사용할 때 가장 간단하고 분명하게 표현됩니다. 예컨대 "나 슬퍼.", "나 걱정돼.", "나 신나.", "나 행복해."처럼 말이지요. 느낌은 기린 말에서는 빼놓을 수 없는 중요한 요소인 반면, 자칼 말에서는 거의 찾아보기 힘듭니다. 자칼 말은 머리로 하는 말이어서, 가슴이 염려하는 일과 여림(취약성)을 드러내는 일은 피해 갑니다. 그 대신 자칼 말은 거의 생각과 의견, 판단에만 초점을 맞춥니다. 가끔은 느낌말로도 말을 하는데, 이것이 오해와 혼란을 불러옵니다. 그 한 예가 이런 식으로 말하는 겁니다. "나는 그것이 불공평하다고 느껴." '불공평하다'는 느낌을 표현하는 말이 아닙니다. 평가를 나타내는 생각입니다.

다음 자칼 말 예문을 보면, '느낀다'라는 말이 사용되지만, 우리는 말하는 사람이 정말로 어떻게 느끼는지 알 수가 없습니다.

- 난 네가 경솔하다고 느껴.
- 난 내가 별 볼일 없는 사람처럼 느껴져.
- 난 그건 옳지 않다고 느껴.

위의 각 예문에서 '난 느껴'를 '난 생각해'로 바꾸면 의미가 좀 더 정확해집니다. 자신의 생각이 생각이라는 것을 알면, 자신이 그 생각과 연관된 느낌을 가지고 있다는 것을 알아차릴 수 있습니다.

- 네가 경솔하다고 생각할 때, 나는 화가 나.
- 내가 별 볼일 없는 사람이라고 생각할 때, 나는 슬프고 화가 나.
- 그건 옳지 않다고 생각할 때, 나는 화가 나.

다음 구절들에 '느낀다'라는 말이 있긴 하지만, 실제로는 생각, 판단, 평가를 표현하려고 하는 것임에 주목하세요.

- 난 ……처럼 느껴져.
- 난 ……라고 느껴.
- 그건 ……라고 느껴.

- 마치 ……인 것같이 느껴져.
- 난 네가/그 사람[들]이……

느낌인 체하는 생각이 분노를 일으킨다

분노를 일으키는 생각은 흔히 느낌인 체합니다. 예를 들자면 사람들은 이렇게 말합니다. "조종당하는 느낌이야." "모욕당하는 느낌이야." 그러나 '조종당하다'나 '모욕당하다'는 느낌이 아닙니다. 이런 말은 사람들이 여러분에게 하고 있다고 여러분이 생각하는 것에 관한 생각입니다. 이렇게 말하는 것이 더 정확합니다. "난 네가 나를 조종하고 있다고 생각하는데, 그런 생각이 들 때 화가 나! 또 슬프고 겁도 나. 네가 나한테 마음을 써주고 있다고 믿고 싶거든."

다음 말들은 모두 분노를 일으키는 생각입니다.
거부당하다, 겁먹다, 경멸당하다, 공격받다, 궁지에 몰리다, 기대를 저버리다, 눈에 띄지 않다, 들리지 않다, 모욕당하다, 무시당하다, 무용지물이 되다, 바가지를 쓰다, 배신당하다, 비하되다, 아랫사람 취급당하다, 압도당하다, 압박받다, 오해받다, 위협당하다, 이용당하다, 제외되다, 조종당하다, 중요하게 여겨지지 않다, 차이다, 홀대받다

공감으로 듣자

공감이란 다른 사람이 경험하고 있는 것을 존중하는 마음으로 이해하는 것입니다. 공감은 느낌과 욕구라는 내적 경험에 온 주의를 기울이고 나의 판단과 견해, 두려움 같은 것은 당분간 제쳐두기를 요구합니다. 공감으로 들으려면 연습이 필요합니다. 왜냐하면 우리는 보통 충고하기, 설교하기, 위로하기 같은 자동 반응을 하기 때문입니다. 공감이 아닌 이런 반응도 나쁘지는 않다고 생각되지만, 우리가 경험한 바로는 사람들이 가장 먼저 그리고 가장 많이 원하는 것은 공감이라는 걸 확인할 수 있습니다. 특히 고통 받고 있을 때에는 더 그렇습

니다. 그래서 기린 말은 여러분에게 공감을 먼저 하라고 조언하는 겁니다.

다른 사람을 공감으로 들어줄 수 있고, 또 나 자신을 공감으로 들어줄 수도 있습니다. 많은 경우에, 다른 사람을 공감으로 들어줄 수 있으려면 먼저 자신부터 공감할 필요가 있습니다.

자신에게 귀 기울이기: 자기 공감 Self-Empathy

기린 말은 자신의 내면 상황이 어떤지 자주 점검하는, 다시 말해 끊임없이 변하는 느낌과 욕구를 알아차리는 습관을 기르라고 권유합니다. 그렇게 하면, 자기 연결과 자기 존중이라는 욕구를 충족할 수 있어서 생동감 있고 현존하고 있다는 느낌을 더 많이 느낄 겁니다. 또한 생산적이고 활력이 넘치는 욕구 충족 활동에 더 많은 시간을 투자하게 될 겁니다.

힘든 느낌을 느낄 때, 즉 속상하고 상처 입고 걱정되고 화날 때, 자기 느낌과 욕구에 연결하는 시간을 가지면, 대개는 편안함, 이해, 연민이라는 욕구가 충족됩니다. 혼란스러울 때 자기 생각들과 내면 대화에 귀를 기울이면 명료함을 얻을 수 있습니다.

자기 공감 사례

"내가 오늘 아이들한테 어떻게 그렇게 큰 소리를 냈는지를 생각하면 슬프고 실망스러워. 아이들과 연결하고 싶었는데 그걸 못 했기

기린 자기 공감

- 나 자신에게 말한다.
  내 관찰, 느낌, 욕구, 그리고 부탁을.

- 내가 보고 듣는 것을 말한다.
  "내가 …… 을 보았을 때/들었을 때"

- 내가 느끼는 것을 말한다.
  "나는 …… 느낀다."

- 내가 필요로 하는 것을 말한다.
  "왜냐하면 나는 …… 이 필요하기 때문에"

- 무엇이 내 욕구를 충족시킬 수 있을지 결정한다.
  "지금 나는 나 자신에게 …… 을 요청한다."

때문이지. 그 일은 또 존중을 바라는 내 욕구도 충족시키지 못했어."

"내 일과 가족에게 동시에 계속 신경을 쓰는 것이 나에게 얼마나 힘든 일인지 알고 나니, 염려되고 걱정된다. 왜냐하면 나는 건강해야 하고 또 중요한 일을 해야 하기 때문이야."

다른 사람에게 귀 기울이기: 공감

무엇보다도, 자녀가 원하는 것은 자기 말에 귀 기울여주는 것입니다. 그들의 느낌과 욕구에 초점을 맞추며 귀 기울이는 것이 공감의 정수입니다. 공감은 여러분의 현존^{presence}이라는 선물을 주는 것이지요. 판단이나 분석, 제안, 스토리 만들기, 또는 바로잡으려는 그 어떤 동기도 없이 말입니다. 자녀를 공감할 때 여러분은 그들의 느낌과 욕구에 귀 기울입니다. 아이가 하는 말이 비판이나 비난, 또는 판단처럼 들릴 때조차도, 그리고 그럴 때일수록 더 그렇지요.

공감은 말에 의존하지 않습니다. 실제로는 침묵일 때가 많습니다. 공감을 소리 내어 표현하는 것이 도움이 되는 것처럼 보이더라도, 상대방의 느낌과 욕구를 말하는 것보다는 속으로 추측하는 것이 중요합니다. 추측을 하는 것은, 당신은 다른 사람의 느낌과 욕구를 절대 확실히 알지는 못한다는 존중 어린 이해를 보여줍니다. 존중하는 마음으로 추측하면 다음과 같이 들릴 겁니다. "너는 이 퍼즐이 좀 더 쉬웠으면 해서 좌절감을 느끼니?" "넌 걱정돼서 네가 안전할 거라고 안심시켜주기를 바라니?"

정확하게 추측하는 것이 중요한 건 아닙니다. 아이에게 무슨 일이 일어나고 있는지에 진심으로 주의를 기울이는 것이 중요합니다. 부모가 하고 싶은 말은 내려놓고 자녀에게 일어나고 있는 것에 완전히 현존하는 시간을 가지는 것이 귀중한 선물이며, 연결로 가는 가장 확실한 길입니다.

> 공감이란 다른 사람이 경험하고 있는 것을 존중하는 마음으로 이해하는 것을 말한다. 그런데 우리는 공감을 하는 대신 상대방을 안심시키고 조언을 하고 싶은 강한 충동을 느끼거나, 우리 입장이나 느낌을 설명하려는 경향이 있다. 그러나 공감은 우리 마음을 비우고 우리 존재 전체로 다른 사람에게 귀 기울이기를 요구한다.
> ▶마셜 로젠버그

공감이 아닌 반응 사례

아래 예문은 우리가 흔히 하는 공감이 아닌 반응이며, 연결이 목표일 때 이런 반응은 우리 욕구를 충족시키지 못할 가능성이 큽니다.

- **충고하기**: 난 네가 ……해야 한다고 생각해.
- **애처로워하기**: 끔찍하다. 그 여자는 너한테 그렇게 할 권리가 없어.
- **위로하기**: 다 잘될 거야.
- **바로잡기**: 그게 실은 그렇게 어렵지는 않아.
- **가르치기**: 이 일로부터 배울 수 있어.
- **설명하기**: 그걸 이런 식으로 하고 싶진 않았지만, ……
- **평가하기**: 네가 그렇게 덜렁대지만 않았어도……
- **고쳐주기**: 너한테 도움이 되는 것은 …… 하는 거야.
- **심문하기**: 느낌이 어때? 이런 식으로 느끼기 시작한 게 언제부터야?

- **한술 더 뜨기**: 나한테 무슨 일이 있었는지 들어봐. ……
- **말 끊기**: 걱정 마. 곧 지나갈 거야.
- **내 이야기 하기**: 네 이야기를 들으니 내가 ……했을 때가 생각나는데
- **동정하기**: 이 가엾은 것.

요약

기린 말을 배우는 것은 외국어를 배우는 것과 아주 비슷합니다. 유창하게 구사하려면 많은 시간을 들여 공부하고 연습해야 합니다. 자기 말 습관을 더 많이 알아차리고 연습하기 시작하면, 처음에는 말이 잘 안 나오고 어색하게 느껴질 수 있습니다. 지금까지 배워온 말하고 듣는 습관을 잊어버릴 수 있을까 하는 의심도 때때로 들기 시작할지 모릅니다. 그럴 땐 외국어를 조금이라도 알면 소통 능력이 그만큼 향상된다는 점을 기억할 수 있으면 좋겠습니다. 그리고 여러분은 매일 배울 기회를 많이 가지게 될 겁니다. 기린 말의 또 다른 놀라운 점은, 한 사람만 사용할 줄 알면 된다는 겁니다. 한 사람만 알아도 갈등을 가라앉힐 수 있고, 가슴에서 우러나서 연결할 수 있고, 협력할 마음을 북돋울 수 있습니다.

> 주의를 기울여 사랑하는 방식은 아이들에게 귀 기울이고 그들과 함께 이야기를 나누는 것, 리모컨으로 아이들 삶을 관리하는 대신 그들과 함께 살아가는 것이다.
> ▶ 넬 나딩스 Nel Noddings

> 날마다 연습하기

대화할 때 자신의 의도를 알아차리세요. 연결하기를 원하나요? 아니면 내가 옳다고 주장하거나 내 뜻대로 하고 싶은가요?

- 대화의 흐름을 눈여겨보기. 누가 듣고 있나요?
- 하루 종일 자기 느낌과 욕구를 점검하기.
- 자녀나 다른 사람의 행동을 관찰하고, 관찰과 평가를 구별하는 것 연습하기
- NVC의 존중 문법 연습하기: 나는 내가 필요로 하기 때문에 느낀다, 너는 네가 필요로 하기 때문에 느낀다, 그 사람은 그 사람이 필요로 하기 때문에 느낀다.
- 구체적이고 바로 지금 실행할 수 있는 부탁을 하는 것 연습하기.
- 사람들이 무엇을 느끼고 필요로 하고 있는가에 대한 호기심 기르기. 속으로 물어보고 대답해보세요. '그 사람은 지금 어떤 느낌일까?' '그 사람의 욕구는 무엇일까?'
- 자녀와 함께 NVC를 사용하는 데 도움이 될 좀 더 실제적인 연습을 알고 싶으면, 인발 카스탄 Inbal Kashtan이 쓴 작은 책 『자녀가 "싫어!"라고 할 때 Parenting from Your Heart』를 보세요.(권장 도서 목록을 참고하세요.)

열쇠 6

살아가면서 함께 배우자

핵심 개념

- 무슨 일이 생기든 우리는 대처할 수 있다.
- 부모와 자녀는 의사 결정과 문제 해결을 위해 협력할 수 있다.
- 욕구를 충족할 방법은 많이 있다.
- 잘되고 있는 것을 축하할 수 있다.
- 잘되지 않는 것에서 배울 수 있다.

사랑스러운 아기가 자라서 한밤중 수유와 기저귀 갈기 그리고 오전 낮잠을 그만두는가 싶더니 갑자기 아장아장 걸음마하는 아기로 자라나는 도전에 직면할 때, 여러분은 그제서야 갓난아기를 돌보는 문제와 도전에 대응할 발판을 마련하고 있는 자신을 발견하게 되지 않던가요? 아기를 돌보기 위해 힘겹게 습득한 새 기술들이 겨우 몇 달 사이에 쓸모없는 낡은 것이 되어버렸습니다. 얼마 후에는, 아장아장 걷던 아기가 어느새 네 살배기로 몰라보게 달라지고, 여러분은 일련의 새로운 도전에 맞서 일련의 새로운 기술을 배우는 데 몰두합니다.

> 모든 것은 끊임없이 발견되고 창조되는 과정에 있다. 삶은 '옳은' 것이 아니라 잘하고 있는 것을 찾는 것이다.
> ▶마거릿 휘틀리 Margaret Wheatly

청소년기까지(그리고 그 이후까지) 자녀의 각 발달 단계마다, 여러분은 아이가 배우고 성장하고 잘 뻗어나가도록 해주기 위해 새로운 습관을 배우고, 새로운 구조를 만들어내고, 새로운 수단 방법을 개발해야 합니다. 그리고 아이가 더 많다고 해서 이 일이 더 쉬워지는 것도 아닙니다. 부모가 자신이 배우고 있는 새로운 기술 대부분을 연습해서 수단될 겨를도 없이, 아이들은 금방 자라버립니다. 게다가 첫째 아이가 걸음마하는 때와 둘째 아이가 태어나는 때 사이의 간격은 부모 알고 있다고 생각했던 모든 것을 잊어버리기에 충분한 시간입니다.

아이가 끊임없이 그리고 완전히 변해가고 있을 때에는 내가 그 도전을 받아들일 준비가 되어 있는지, 그리고 그들에게 전해주고 싶은 것이 전달되거나 받아들여지고 있는지 확신하기가 어렵습니다. 그런 끊임없는 변화를 맞아 자신을 비난하거나 의심하기보다는 자신 있게 잘 대처하려면, (1) 살아가면서 배우는 법을 배우고, (2) 결정을 내리고 문제를 해결할 때 자녀와 협력하세요.

무슨 일이 생기든 우리는 대처할 수 있다

부모가 자녀의 모든 발달 단계를 위해 계획을 세우고, 모든 변화를 예측해서 대비할 수는 없습니다. 따라서 살아가면서 배운다는 것은, 말이 될 뿐 아니라 아이 성장에 보조를 맞추려면 꼭 필요한 일 같습니다. '살아가면서 배운다'는 것은 무슨 일이 생기든 자신이 대처할 수 있다는 믿음을 가지는 것과, 모든 일이 잘 풀릴 거라고 믿는 걸 배우고 있다는 뜻입니다. 살아가면서 배우는 것은 부모가 자녀와 같은 방식으로 삶을 배우는 사람이라는 이해에 바탕을 두고 있습니다. 이 말은 일을 하는 데에는 여러 가지 방식이 있다는 깨달음에 의해 뒷받침됩니다. 그것은 우리에게는 많은 선택권이 있으며, 그래서 우리가 선택한 한 가지 방식으로 뭔가가 잘 되지 않는다면 제2, 제3의 방식을 자유롭게 선택할 수 있다는 사실에 바탕을 두고 있습니다. 살아가면서 배우는 것은 늘 깨어 있고, 작은 일도 눈여겨보며, 판단하기보다는 열린 마음으로 받아들이는 것을 의미합니다. 살아가면서 배우는 것은 일을 하는 데에는 '올바른 딱 하나의 방법만 있다', 사람들은 특정한 일을 '해야만 한다', 또는 '누군가는 이겨야만 하고 누군가는 져야만 한다.' 같은 경직된 생각을 놓아버리기를 권합니다. 그 대신, 살아가면서 배우는 것은, '실패라는 것은 없고 단지 처리해야 할 새로운 상황이 있을 뿐'이라는 믿음에 바탕을 두고 있습니다.

부모와 자녀는 의사 결정과 문제 해결을 위해 협력할 수 있다

살아가면서 '함께' 배우는 것은 아이의 나날의 삶에 영향을 주는 일에 관하여 계획을 세우고, 결정을 내리고, 문제를 해결하는 데에서 부모와 자녀가 훌륭한 파트너가 될 수 있다는 사실에 바탕을 두고 있습니다. 여러분의 자녀는 굉장한 아이디어로 가득 차 있고, 그것을 여러분과 나누는 걸 좋아합니다. 아이는 쾌활하고, 재미있고, 엉뚱하고, 열려 있고, 서로 영향을 주고받으며, 틀에 박히지 않은 사상가입니다. 아이는 집을 어떻게 운영하는지를 결정하는 데 기여하고 싶어 하고 또 도움을 주고 싶어 합니다. 함께 배운다는 것은 한 사람보다는 두 사람의 머리가 더 낫다는 걸 믿는다는 뜻입니다. 왜냐하면 그렇게 했을 때 그 결과가 모두를 만족시킬 수 있는 가장 큰 잠재력을 가지고 있기 때문입니다.

> 우리가 잘못하는 일은 없다. 우리는 전에도 잘못하지 않았고 앞으로도 잘못하지 않을 것이다. 우리는 우리가 지금 배우고 있는 것을 그때도 알았더라면 하지 않았을 일을 할 뿐이다.
> ▶마셜 로젠버그

문제 해결을 위해 협력할 때 겪는 어려움 중 하나는, 협력하려면 자녀 삶에 영향을 주는 모든 것을 관리하고 통제하려는 충동을 놓아 버려야 한다는 것입니다. 문제보다는 문제를 해결할 수단 방법이 더 많다는 것, 즉 욕구보다는 욕구를 충족할 방법이 더 많다는 것을 깨달으면 놓아버리기가 더 쉬워집니다. 해결책, 구조, 수단 방법을 자녀와 함께 조사할 때, 부모가 무엇을 선택할지는 오직 눈앞에 놓인 상황에 대한 공통의 이해와 부모의 경험, 부모의 창조적 상상력에 달려 있습니다. 그것이 문제와 걱정거리뿐 아니라 부모 노릇과 관련된 모든 면에 더 쾌활하고 개방적으로 접근하는 방식입니다. 협력하는 정신은 '이 상황을 함께 살펴보고, 거기에서 모든 사람에게 무엇이 필요한지 보고, 우리 함께 머리를 맞대고 모두의 욕구를 충족할 방법을 찾아보자.'라는 것입니다.(게임이나 탄산음료, 유명 브랜드 운동화처럼, 자녀가 요구하는 것 대부분은 욕구가 아니라 욕구를 충족하기 위한 수단 방법이라는 점을 부디 기억하시기 바랍니다. 욕구와 수단 방법에 대해 더 알고 싶으면 열쇠 2를 보세요.)

아이와 함께 궁리하고 함께 만들어낸다는 것은 위험을 감수한다는 뜻이고, 많은 '해야만 한다'를 놓아버린다는 뜻입니다. 아이가 설거지에 관한 아이디어를 제안할지도 모릅니다. 가족 모두 각자 자기 접시와 컵, 수저를 씻고 두 사람씩 돌아가며 냄비와 팬을 씻자는 것입니다. 아이는 그 계획에 신이 나겠지만, 그것은 설거지는 이렇게 해야만 한다고 부모가 생각하는 방식과는 맞지 않지요. 아니면, 아이가 슬리핑백에서 자는 건 어떠냐고 제안하는데(아이 말로는, 이불과 담요는 너무 지저분해지고 너무 커서 매일 정리하기가 어렵다는 이유로), 이것은 침대란 이래야 한다는 부모의 그림과는 맞지 않습니다. 여러분은 자녀가 기꺼운 마음으로 참여하는 걸 경험하기 위해 여러분의 안전지대 밖으로 나올 마음이 있습니까?

우리는 협력하며 모든 사람의 욕구를 충족시킬 수 있는 수단 방법을 찾을 자신감과 기술을 개발할 많은 기회를 자녀에게 제공할 것을 여러분께 권합니다. 기술을 연습하고 성공을 쌓아가기 위해, 가족이 함께 결정할 수 있는, 비교적 간단한 몇 가지 활동으로 시작해보세요.

- 아침 시간을 함께 보내는 방법 계획하기
- 오후 심부름을 어떤 순서로 할지 계획하기
- 식사 계획하기
- 파티 계획하기
- 휴일 기념하기

- 여러분과 자녀는 어떤 영역에서 협력하나요?
- 여러분은 어떤 영역에서 더 협력할 수 있다고 상상하나요?
- 그런 수준의 협력을 상상하면 어떤 느낌이 드나요?

욕구를 충족할 방법은 많이 있다

　욕구를 충족하는 것은 삶에서 가장 중요한 활동입니다. 살아가면서 늘 하는 이 일이 따분하기를 바라시나요, 아니면 즐겁기를 바라시나요? 욕구를 실현하는 일이 따분한 일인지 즐거운 일인지는, 세상이 선택할 기회가 많아 풍요로운 곳으로 보이는지 아니면 선택할 기회가 없어 암울한 곳으로 보이는지에 상당히 많이 달려 있습니다.

　지금 이 순간에 그것이 분명히 보이든 보이지 않든, 이 책을 읽고 있는 여러분들 대부분이 풍요로운 세상에서 살고 있습니다. 여러분이 가진 모든 욕구를 실현할 방법이나 전략이 많이 있기 때문입니다. 그림 그리기, 조각하기, 춤추기, 노래 부르기는 창조적인 표현이라는 욕구를 실현하기 위한 여러 다른 방법입니다. 책 읽기, 영화 보기, 음악 듣기, 사람들과 이야기하기, 또는 혼자 조용히 생각하기 등은 배움이라는 욕구를 실현하기 위한 방법들입니다. 집의 일상생활에 기여하려는 욕구를 충족하기 위해, 여러분은 설거지를 할 수도 있고, 청소를 하거나 식사 준비를 할 수도 있고, 테이블에 센터피스를 만들 수도 있고, 아니면 쓰레기를 내다 버릴 수도 있습니다. 재미를 원한다면, 마찬가지로 그 욕구를 충족할 많은 방법들이 있습니다.

혼자 탐구하기

한 가지 욕구를 골라(열쇠 5에 있는 욕구 목록이나 3부, '주제: 기린과 자칼 놀이'에 있는 느낌 카드와 욕구 카드에서), 그 욕구를 충족하기 위해 여러분이 찾아낸 여러 가지 방법을 확인해보세요. 시간을 내서 목록을 곰곰 생각해보면(또는 적어보면), 가장 효과적인 방법을 발견하게 될 겁니다. 그 밖에 시도해볼 만한 더 많은 방법들을 찾아낼 수도 있습니다.

함께 탐구하기 — 욕구와 수단 방법

앞에서 말한 욕구 목록이나 느낌 및 욕구 카드[1]에서 한 가지 욕구를 골라 함께 탐구해보세요. 각자 그 욕구를 충족할 방법을 목록으로 만들어보세요. 그 목록을 가지고 수단 방법의 효용성에 관해 토론해볼 수 있습니다. 또한 시도해볼 만한 새로운 수단 방법에 관해서도 토론할 수 있습니다. 이 활동을 많이 해볼수록 욕구를 충족할 방법이 많이 있다는 것을 더 많이 알아차리게 됩니다.

한 가지 방법으로 욕구를 충족하려고 해봤는데 잘되지 않으면, 다른 방법으로 해볼 수 있습니다. 부모가 욕구 충족 기술을 연습하고 다듬고, 자녀가 자기 기술을 다듬을 수 있게 도와줄 기회가 매일 매일

---

[1] 한국비폭력대화센터 www.krnvc.org에서 느낌 및 욕구 카드를 구입할 수 있습니다.

> 개인의 차이를 존중하고, 실수가 용인되며, 의사소통이 개방적이고, 규칙이 유연한 분위기에서만 가치에 대한 느낌이 자랄 수 있다.
> ▶ 버지니아 사티어 Virginia Satir

수백 번씩 있습니다. 부모가 스스로, 그리고 자녀와 함께 매일 연습하고 많이 연습하면, 개인적으로 욕구를 충족하는 새로운 방식 그리고 욕구를 함께 충족하기 위해 다른 사람들과 협력하는 새로운 방식을 계속해서 창조하고 고안하고 직관할 수 있습니다.

영양학을 공부하며 가족에게 건강한 음식을 제공하는 것을 가치 있게 여기는 한 어머니가 있었습니다. 그이는 창조성을 발휘하는 능숙한 요리사였고, 남편과 어린 아들을 위해 음식 만드는 걸 즐겼습니다. 집에는 늘 건강한 간식거리를 준비해놓았으며, 매일 6시에 차려지는 따뜻한 식사를 준비하기 위해 시간표를 짰습니다. 그이는 남편과 아들에게 함께 식사를 할 수 있도록 계획을 세워달라고 부탁했습니다. 그러나 6시가 되어 저녁이 식탁에 차려졌을 때, 자기 일에 몰두하고 있을 때가 많은 아들은 저녁 식사 때문에 하던 일을 중단하고 싶어 하지 않았습니다. 이 일로 한동안은 속상했습니다. 그때 이 어머니는 깨달았습니다. 자기는 함께 앉아 저녁을 먹는 것이 좋지만, 그것이 가족에게 건강한 음식을 먹이는 유일한 방법은 아니라는 것을요. 그이는 다른 수단 방법을 생각해냈습니다. 부엌 수납장에는 건강에 좋은 간식거리를 준비해두고, 냉장고에는 당근이나 샐러리, 사과 같은 것을 넣어두는 것이었습니다. 아들은 자기 일에 몰두하느라 저녁 먹으러 오지 못할 땐 편하게 먹을 것을 찾아서 먹었습니다.

다투고 싸우기보다는 다음 단계를 순서대로 하나씩 사용해서, 살아가면서 아이와 함께 배워보세요.

> **살아가면서 함께 배우기 위한 단계들**

1. 부모 또는 자녀가 충족하고자 하는 욕구 확인하기
2. 그 욕구를 충족하기 위한 수단 방법 선택하기
3. 그 수단 방법을 시도해보기
4. 수단 방법 평가하기: 그 수단 방법은 확인한 욕구들을 얼마나 잘 충족시켰는가?
5. 수단 방법을 다듬거나 다른 수단 방법 시도하기

잘되고 있는 것을 축하할 수 있다

여러분이 선택한 수단 방법이 효과가 있어서 욕구가 충족되었다면, 잠시 성공을 알아주는 시간을 가지세요. 부정적인 면에 초점을 맞추는 것이 인간의 특성인 것 같습니다. 그래서 자신이 원하는 대로 일이 진행되고 있을 때 그것을 알아차리는 시간을 가지는 것이 중요합니다. 그렇게 행복, 만족, 기쁨을 느껴보세요. 성공을 축하하는 시간을 가지는 것은 장기 기억 속에 배움이라는 닻을 내리는 것이며, 자신감

> 진정한 연민은 단순한 감정적인 반응이 아니라 이성에 기초한 확고한 헌신이다.
> ▸달라이 라마

을 쌓아가는 강력한 방법입니다.

자녀가 잘하고 있는 것을 축하하는 건 공감으로 연결할 수 있는 또 다른 기회입니다. (1) 아이가 무언가를 이룬 결과로 지금 느끼고 있는 느낌과, (2) 그것을 함으로써 아이가 충족한 욕구에 귀 기울이는 시간을 가져보세요. "와, 너 그 퍼즐을 결국 풀었네. 몹시 행복하고 자랑스러워 보이는구나."

부모가 계속해서 자녀의 느낌과 욕구에 초점을 맞춰 빛을 비추어 주면, 자녀는 다른 사람을 즐겁게 하거나 상을 받고 벌을 피하기 위해서가 아니라 오롯이 자신만의 이유로 행동하고자 하는 내적 동기를 키워가게 됩니다. 또한 다른 사람들에게 평가를 구하기보다는, 자기 욕구를 얼마나 잘 충족하고 있는지를 스스로 평가하는 법을 배우게 됩니다.

오늘 성공한 일에 대해 생각해보기: 어떤 욕구를 충족하기 위해서 했던 잘된 일! 무엇을 했나요?

- 그 일로 어떤 욕구가 충족되었나요?
- 잠시 축하하세요. 그것이 잘되었다는 것을 알 때 느낌이 어떤가요?

> 함께 탐구하기   **성공을 축하하자**

이번 주에 성공한 일을 돌아가며 나눠보세요.

잘되지 않는 것에서 배울 수 있다

욕구를 실현하고자 하는 어떤 수단 방법이 효과가 없을 때, "내가 실수했어."라고 말하며 자기를 비판하고 의심하고 스스로를 벌주는 소용돌이 속으로 빠져들기 쉽습니다. 사실, 실수란 단지 어떤 욕구를 충족하려는 수단 방법이 내가 바라던 대로 잘되지 않았다는 것을 뜻할 뿐입니다. 자기 비난 게임을 하고 실수를 나쁜 것이라고 판단하는 대신, 여러분은 느낌과 욕구에 다시 연결해서 그것을 지금 바꿀 수도 있고, 아니면 더 나은 결과를 위해 수단 방법을 조정할 수도 있습니다.

실수하기를 두려워하면 새로운 것을 시도해볼 기회를 놓칠 수 있습니다. 자유롭게 탐험하고 실험하며 즐기는 느낌을 갖지 못할 겁니다. 실수했다고 자신을 비난하고 판단하는 대신, 거기서 배우고 앞으로 나아가세요.

> 실수에서 배우기 위한 단계

- **관찰하기**: 스스로 후회하는 어떤 말이나 행동을 했나요?
- **알아차리기**: 자신이 한 일에 대해 스스로 어떤 이야기를 하고 있나요? 자신을 판단하고 있나요?
- **질문하기**: 어떤 욕구를 충족하려고 했나요?
- **질문하기**: 어떻게 했으면 그 욕구를 더 효과적으로 충족할 수 있었을까요?
- **질문하기**: 혹시 충족한 욕구가 있나요?
- **부탁하기**: 자신의 욕구를 충족하기 위해 지금 무엇을 하고 싶은가요?

요약

어떤 상황에 직면하든 우리는 대처할 수 있습니다. 살아가면서 자녀와 함께 탐구하고 함께 창조하면서 기꺼이 배우는 사람이 되고자 한다면요. 일을 하는 데에는 많은 방식이 있고, 한 가지 방식이 효과가 없다면 나에게 효과가 있는 수단 방법을 찾을 때까지 다른 방식을 시도해볼 수 있다는 점을 기억하세요. 잘되고 있는 것을 축하하고 그렇지 못한 것에서 배우세요.

> 날마다 연습하기

어떤 일이 반드시 행해져야 한다거나 어떤 일은 특정한 방식으로 '행해져야만 한다'고 생각하기 때문에 불안해하는 것이 언제인지 눈여겨보세요. 판단을 알아차리고, 호흡하고, 당신이 충족하고 싶은 더 깊은 욕구와 연결하세요. 욕구에 초점을 맞출 때, 그 욕구를 충족할 수 있는 다른 수단 방법이 떠오르나요?

> 역설적이게도 성장, 개혁, 변화 속에서만 진정한 안전을 찾을 수 있다.
> ▶앤 모로 린드버그
> Anne Morrow Lindbergh

여러분이나 자녀가 언제 어떤 수단 방법에 집착하는지 알아차리세요. 다음 말들이 단서를 줄 수 있습니다. "난 그것을 해야만 해, 그것을 가져야 해, 넌 그것을 해야 해." 이 수단 방법을 통해 여러분이나 자녀가 충족하고 싶은 욕구(들)를 감지할 수 있는지 보세요. 그 욕구를 충족할 수 있는 다른 수단 방법들도 있는지 보세요.

여러분이나 자녀가 하는 무언가가 욕구를 충족하는 데 성공하면, 잠시 축하하는 시간을 가지세요.

여러분이나 자녀가 하는 무언가가 성공하지 못했을 때에는, 잠시 올라오는 실망이나 슬픔을 느끼는 시간을 가진 다음, '실수에서 배우기 위한 단계들'을 해보세요.

열쇠 7

집을 노폴트 존으로 만들자

핵심 개념

- 갈등을 해결해야 할 문제로 보기로 선택하자.
- 여러분의 욕구는 충족될 수 있다는 것을 믿자.
- 욕구를 알면 해결 방법이 떠오르리라는 것을 믿자.
- 갈등을 해결하기 위해 협력하자.
- 집을 싸움터에서 노폴트 존으로 바꾸자.

열쇠 1에서 열쇠 6까지 집을 '노폴트 존'으로 완전히 탈바꿈시키는 방법을 차례차례 보여주고 있습니다.

노폴트 존의 특성은 다음과 같습니다.

- 모든 사람이 사람들이 일을 하는 선한 이유를 이해하려고 한다.
- 모든 사람이 한 사람 한 사람의 욕구가 배려되고 보살펴질 거라고 믿는다.
- 모든 사람이 비판이나 비난보다는 욕구에 초점을 맞추는 것을 배운다.
- 모든 사람이 서로의 삶을 더 재미있고 멋지게 만들기 위해 협력한다.

집을 노폴트 존으로 탈바꿈시키면 갈등을 90퍼센트까지 줄일 수 있습니다. 나머지 10퍼센트의 갈등을 처리하기 위해 갈등을 보는 방식에 대해 나누

> 잘함과 잘못함이라는 생각 너머에 들판이 있네.
> 나 거기서 당신을 만나리.
> ▶ 루미 | Rumi

려고 하는데, 여러분에게는 새로운 방식일 수 있습니다. 또, 뜨거워진 상호작용을 처리하기 위해 여러분이 어떤 선택을 할 수 있는지도 다루고, 협력해서 이런 상호작용에 효과적으로 대처할 수 있는 방법도 구체적으로 제안하려 합니다. 우리는 잘잘못을 따지지 않는 상호작용을 유지할 수 있는 능력을 키우려면 연습이 필요하다는 것, 그리고 여러분이 있고 싶은 곳에 있는 날도 있고 그렇지 못한 날도 있으리라는 점을 잘 알고 있습니다. 그렇지 못한 때에는, 여러분이 부모 노릇을 하는 목적과 협력하는 상호작용을 하려는 의도로 돌아가보면 어떨까요.

갈등을 해결해야 할 문제로 보기로 선택하자

갈등은 심한 비난을 받아왔습니다. 사람들은 대개 갈등은 피해야 하며, 갈등이 생기면 자기에게 또는 가족에게 무언가가 잘못되었다고 생각할 때가 많습니다. 그러나 사람들이 만나는 곳이면 어디든 약간의 충돌은 있을 겁니다. 때로 삶의 복도에서 서로 부딪치는 경우가 있는 것이지요. 이런 순간에 서로가 함께하는 방법을 배우면 지금 그리고 남은 한평생 부모와 자녀가 좋은 관계를 맺는 데 도움이 될 겁니다.

어느 집에서나 일어나는 가장 흔한 갈등은 평범한 나날의 상황과 관계가 있습니다. 잠잘 시간과 일어날 시간, 장난감 갖고 함께 놀기와 집안일 분담하기, 가게에서 무얼 살지, 아침엔 언제 어떻게 집을 나설지 등 매일 일어나는 이런 사건들이 갈등이 될 필요는 없습니다. 기린 귀와 눈을 가지고 있으면, 그런 일들은 해결해야 할 문제로 보일 것이고, 그러면 다툼이나 싸움을 하기보다는 토론을 할 수 있습니다. 이렇게 덜 감정적인 시각으로 보면, 불일치와 충돌은 가족끼리 서로 더 잘 알게 될 기회일 뿐 아니라 서로를 재평가하고 탐구하기 위한 기회가 될 수 있습니다.

매일같이 일어나는 의견 차이를 갈등이 아니라 해결해야 할 문제로 보는 걸 방해하는 것은 두려움입니다. 정확히 말하면, '난 내 욕구를 충족하지 못할 거야.'라고 하는 것이 바로 두려움입니다. 이 두려움은 재빨리 분노(또는 다른 강한 감정들)로, 방어나 공격으로 이어집니다. 가족 모두가 자기 욕구가 중요하며 다루어지리라고 믿을 때, 매일 매일의 상호작용을 둘러싼 두려움과 긴장, 분노, 그리고 방어하는 태도는 해소되기 시작합니다. 오직 그럴 때에만 차이를 해결해야 할 문제로, 그리고 가족이 더 끈끈하게 연결될 수 있는 기회로 만들 수 있습니다. 다행인 것은, 갈등을 방지하려면 단 한 사람, 다시 말해 이 책에서 개발한 기술을 연습하고 모든 사람의 욕구를 해결함으로써 의견 차이가 잘 풀릴 수 있다고 믿는 한 사람만 있으면 된다는 겁니다. 부모가 기술을 개발하고 가족끼리 늘 이렇게 신뢰함으로써, 부모는 두려움을 가라앉히고 집에서 갈등을 막고 줄이고 해결하는 사람이 될 수 있습니다.

다음은 한 아버지가 자기 두려움이 분노로 바뀌도록 내버려두기보다는 아들과 자기 자신의 욕구에 초점을 맞춤으로써 어떻게 갈등을 방지했는지를 보여주는 사례입니다.

> 무언가를 변화시키려면, 기존 모델을 구식으로 만들어버리는 새 모델을 만들다.
> ▶벅민스터 풀러 Buckminster Fuller

NVC를 연습하는 아빠인 데일이 어느 날 퇴근해서 집으로 돌아왔습니다. 현관에 들어서기도 전에, 네 살배기 아들 스티비가 튀어나오더니 바짓가랑이를 잡고 소리쳤습니다. "아빠, 아빠, 나랑 놀아줘!" 순간, 데일은 두 사람 사이에 거리를 두려고 손을 뻗었습니다. "지금은 안 돼. 아빠 피곤해. 이따가 놀아줄게."라고 말하는 목소리에 긴장감이 역력했습니다. 이 저항을 느낀 아이는 고집을 피우며 펄쩍펄쩍

뛰기 시작했습니다. 데일은 한층 더 단호하게 반복해서 말하면서 아까와 똑같이 반응했죠. "내가 말했지? 지금은 안 된다고. 이따가 놀아줄게."

그러다 데일은 하던 걸 멈추었습니다. 자기가 얼마나 뻣뻣하게 굴고 있는지, 게다가 스티비의 넘치는 에너지와 자기랑 놀고 싶은 열망에 자기가 부정적인 반응을 느끼며 말하는 걸 듣는 것이 얼마나 슬픈지도 알아차렸습니다. 그때 그는 알았습니다. 이 상황을 그대로 두고 싶지 않다는 것을. 그래서 심호흡을 몇 번 하고 나서 자기 느낌과 욕구에 연결하기 위해 '내면을 보살피는 시간'을 가졌습니다. '흐음, 두렵다. 내가 걱정하고 있구나. 몸을 씻고 긴장을 풀 기회를 갖지 못할까봐. 나 자신을 보호할 필요가 있어. 에너지가 바뀌고 느긋하게 쉴 수 있게 말이야. 난 정말 스티비와 연결하고 싶고 그 애랑 같이 놀고 싶다.' 자신에게 더 많이 연결된 것을 느끼자, 데일은 아들을 향해 제안을 하나 했습니다. "헤이, 스티비. 너 진짜 놀 준비가 다 되어 있는 게 보이네. 나도 너랑 같이 놀고 싶어. 그런데 또 옷도 갈아입고 좀 씻고 싶기도 해. 좋은 생각이 하나 있는데 말이야, 우리 5분 동안 소파에 앉아서 네가 오늘 어땠는지 얘기해주면 어떨까? 그런 다음 아빠가 할 일을 먼저 하고 와서 너랑 같이 노는 거야. 어때?" 스티비가 반응을 보였습니다. "얼마나 걸릴까요, 아빠?" 데일이 대답했습니다. "한 15분쯤. 그 정도면 될까?"

> 인간의 마음속에 있는 가장 파괴적인 요소는 두려움이다. 두려움은 공격성을 낳는다.
> ▶도로시 톰슨 Dorothy Thomson

어떤 상황에서는 모두가 동의하는 계획에 도달하려면 대화가 이보다는 몇 차례 더 오가야 할지도 모릅니다. 그러나 갈등하기보다는 스티비와 함께 문제를 해결하기 위한 대화로 들어갈 수 있는 데일의 능력이 여기서 모든 것을 다르게 만들었습니다. 데일은 이완하고 싶은 욕구가 충족되지 못할지도 모른다는 자기 두려움을 알아차렸을 때, 전략적 선택을 했습니다. 두려움을 떨쳐버리고 그 대신 자기 자신의 내면을 들여다보기 위해 '내면을 보살피는 시간'을 가진 것입니다. 그러자 이완과 함께 스티비와 연결하고자 하는 욕구도 있다는 걸 알 수 있었습니다. 그래서 그는 놀면서 연결하고 싶어 하는 스티비의 욕구에 기여하고 싶어졌습니다. 세상에는 욕구를 실현하기에 충분한 수단 방법이 있다는 것을 데일은 알고 있었기 때문에, 자기 자신을 보호하는 것에서 두 사람 모두의 욕구를 충족하기 위한 무언가를 하자고 제안하는 것으로 초점을 바꾸는 데 그리 긴 시간이 필요하지 않았습니다.

눈앞에 있는 모든 욕구를 충족할 방법을 알지 못하면, 어찌할 바를 모르고 좌절감을 느끼고 갈등을 겪을 수도 있습니다. 그러나 내 욕구를 충족할 수 없다고 믿을 때에도 역시 분노나 짜증, 절망 같은 강한 감정을 느낄 겁니다. 문제를 해결할 수 있는 자원이 충분히 많다는 것을 아는 부모는 일이 어떻게 풀릴지 정확하게 모를 때에도 빨리 두려움에서 벗어나 이완할 수 있다는 것을 알게 됩니다. 부모가 이완하며 저 모퉁이만 돌아가면 해결 방법이 있다는 걸 믿으면, 아이 역시 이완하며 거의 언제나 만족할 만한 해결 방법이 찾아지리라는 걸 믿게 됩니다.

여러분의 욕구는 충족될 수 있다는 것을 믿자

여러분의 욕구가 충족될 수 있다는 것을 때때로 그토록 믿기 어렵게 만드는 것은 무엇일까요? 당신의 욕구가 충족되지 못했던 과거의 경험이 쌓여 있다면, 욕구가 충족될 수 있다거나 항상 충족되리라는 것을 의심하게 됩니다. 그러나 자기 욕구에 스스로 책임을 지고 그것을 충족하기 위한 행동을 매일같이 취할 때 믿음이 자라납니다. 부모가 자신의 욕구를 충족할 기술을 더 많이 개발할수록, 두려움과 분노, 방어하려는 태도, 그리고 자동 반응이 가라앉을 겁니다.

자녀 역시 자기 욕구를 충족하는 것에 두려움을 가지고 있습니다. 아이의 두려움은 곧잘 분노나 방어로 이어지곤 하지요. 욕구를 확인하고 그것을 충족할 방법을 찾기 위해 자녀와 함께 작업한다면 불안과 갈등을 줄이는 데 큰 도움이 됩니다.

여러분의 욕구가 충족될 수 있다는 것 그리고 아이가 자기 욕구를 충족하도록 도와줄 수 있다는 것을 더 많이 믿을수록, 여러분 자신이 무의식적으로 자동 반응하는 측면을 가족에게 덜 보여줄 수 있을 겁니다. 이런 경험에는 놀랄 만한 이점이 있습니다. 여러분을 겁나게 하고 짜증 나게 하는 특정한 행동들 너머를 볼 수 있게 되는 겁니다. 여러분 자신과 자녀를 더 잘 이해하게 될 겁니다. 흔들리지 않고 고요히 있는 시간이 더 많아질 겁니다. 아이는 예전처럼 늘 하던 대로 행동하겠지요. 그러나 이제는 여러분의 눈과 귀가 다르게 보고 들으며, 자녀의 행동에 반응하기보다는 그의 욕구에 응답하게 해줍니다.

자기 욕구가 부모에게도 중요하다는 것을 믿을 수 있다면, 아이도 이완되어 자동 반응을 덜 하게 됩니다. 아이는 방어 자세를 취할 필요가 없고, 자기에게 뭔가를 하게 하려고 지배하는 힘 전략을 사용하는 부모로부터 자신을 보호할 필요도 없습니다. 이런 믿음이 쌓여감에 따라 여러분은 멋진 놀라움을 경험할 겁니다. 여러분의 욕구를 충족하고 모든 사람에게 도움이 되는, 함께 살아가는 방법을 찾기 위해 아이가 여러분과 협력하기를 바라는 경험을요.

욕구를 알면 해결 방법이 떠오르리라는 것을 믿자

기억하세요, 욕구를 충족할 수단 방법이 가득한 풍요로운 우주가 있다는 것을. 부모와 자녀, 또는 둘 이상의 사람들이 이 사실을 놓칠 때 갈등이 일어납니다. 해결 방법이 보일 때까지는, 아니면 해결 방법을 찾게 되리라는 것을 당신이 다시 믿을 때까지는 조바심, 불안, 두려움 같은 느낌이 일어날지 모릅니다.

우리가 알고 있는 바와 같이, 갈등은 어떤 다급한 욕구가 있는데 그 상황에서 그것을 어떻게 충족할 수 있을지 알지 못할 때, '그리고' 그 욕구가 충족될 수 없을까봐 두려울 때 일어납니다.

가정에서 볼 수 있는 흔한 갈등은 한 사람은 볼륨을 높여서 음악을 들으며 휴식을 취하고 싶어 하고 다른 한 사람은 조용히 휴식을 취하고 싶어 할 때 일어납니다. 갈등은 아이들이 같이 놀고는 싶은데 한 아이는 그네를 타고 싶어 하고 다른 아이는 카드놀이를 하고 싶어 할 때 생깁니다. 갈등은 집안 명절을 기념할 때 가족 중 한 사람은 밖에 나가서 하고 싶어 하고 다른 사람은 집에서 하기를 원할 때 생깁니다. 이 사례들에서 볼 수 있는 것처럼, 양쪽이 같은 욕구를 가지고 있는 것을 매우 자주 볼 수 있습니다. 앞의 사례들에서, 욕구는 휴식, 놀이, 그리고 기념하기입니다.

욕구가 같은 경우가 흔하지는 않지만, 수단 방법 때문에 갈등이 일어나는 일은 늘 있습니다. 풍요로운 우주를 믿고 욕구를 충족할 다양한 가능성을 알게 된다면, 여러분은 몹시 두려워하며 자신이 좋아하는 수단 방법에만 매달리지 않아도 된다는 것을 알게 될 겁니다.

갈등을 해결하기 위해 협력하자

두려움이나 그 밖의 다른 고조된 감정을 느낄 때에는 아이와 연결하고 협력하기로 선택하는 일이 가장 하기 힘든 일일 수도 있습니다. 실제로, 그럴 때 여러분은 2장에서 말한 '정서적 하이재킹'을 경험할 수 있습니다.

> 물리력으로 평화를 지킬 수는 없다. 평화는 오직 이해로만 이룰 수 있다.
> ▶알베르트 아인슈타인

고조된 감정은 여러분의 사고를 압도합니다. 그래서 더 이성적인 뇌 기능은 줄어들고, 격앙된 감정을 남깁니다. 자기가 필요하다고 생각하는 것을 계속 밀고나가려는 충동을 여러분이 느낀다는 것이지요. 그래서 충동을 따르기보다는 다른 선택을 할 수 있다는 것을 잊어버립니다. 여기서 여러분이 어떤 상황에서도 선택할 수 있는 것들을 다시 검토하고 싶습니다. 원한다면, 정서적 하이재킹을 경험하는 순간에 이런 선택을 할 수 있다는 것을 떠올리게 해줄 수 있는 곳에 이 목록을 붙여두면 좋습니다.

갈등하는 순간에 할 수 있는 세 가지 선택

1. "내가 옳아. 그러니 무슨 일이 있어도 내 뜻대로 하겠어."

이 선택을 하면 여러분이 원하는 것을 얻기 위해 거의 언제나 지배하는 힘 전략을 쓰게 됩니다. 이를테면 분노 폭발, 말다툼, 싸우기, 삐치기, 나가버리기, 말 안 하기 같은 것이지요. 이런 행동은 그 순간에도 그리고 앞으로도 갈등을 고조시킬 가능성이 매우 큽니다.

2. "무시하자. 그냥 지나가기를 바라자."

갈등을 둘러싼 여러분의 불편한 느낌이 더 나아지거나 더 나빠지지 않게 할 방법을 찾지 못할 때, 그곳을 떠나 그 불편한 느낌이 사라지기를 바랍니다. 가끔은 일이 저절로 해결되어서 곤경에서 벗어날 때도 있습니다. 그러나 갈등이 사라지기는커녕 해묵은 싸움이 똑같이 다시 되살아날 때가 더 많은데, 갈등이 더 커지고 더 복잡해져서 해결하기가 더 어려워집니다.

3. "연결하고 협력하려는 의도를 가져보자."

연결하고 협력하려는 의도를 가지고 있다면, 여러분은 모든 이의 욕구를 이해하고 모든 욕구를 동등하게 여기려고 할 겁니다. 서로의 욕구를 충족할 수 있는 최선의 해결 방법, 즉 모두가 만족할 수 있는 해결 방법을 찾기 위해 다른 사람들과 함께 작업할 겁니다.

처음 두 가지 중 어느 쪽을 선택하더라도 부모가 원하는 결과를 얻을 수 없습니다. 그런데도 이 두 가지는 부모가 세 번째 선택을 알지 못하거나 무시할 때 매일같이 자동으로 선택하는 것입니다.

집을 싸움터에서 노폴트 존으로 바꾸자

여러분의 감정이 격앙되어 있고 자녀와(또는 다른 누구와) 싸우고 있다는 것을 알았을 때, 즉 자신이 속상하고 걱정되고 화나는 것을 느끼고 있고, 그래서 목소리를 높이고 말다툼하고 욕하고 비난하고 있다는 것을 알아차릴 때, 여러분이 있을 수 있는 또 다른 곳, 즉 노폴트 존이 있다는 걸 기억하시기 바랍니다. 이곳은 훨씬 더 생산적이고 모든 이가 만족할 수 있는 곳입니다. 그런 장소가 존재한다는 것을 기억하는 것만으로도 방향을 바꿀 수 있습니다.

그렇게 좀 더 고요한 곳으로 가려면 다음 단계를 따라오세요. (1) 첫째, 정지 버튼을 눌러서 나중에 후회하게 될 행동을 일절 멈추세요. (2) 그다음으로, 평정을 회복하기 위해 필요한 일을 하세요. 심호흡을 몇 번 하고, 밖에 나가 걷거나 달리기, 요가하기, 또는 친구에게서 공감받기 같은 것을 하세요. (3) 그런 다음, 되도록 빨리 여러분의 느낌과 욕구에 연결하세요. 화가 난다면, 분노를 일으키는 생각을 들여다보는 시간을 가지세요. 이 생각이 분노의 원천이자 연료입니다. 느낌을 느끼고 다급하게 여러분이 주의를 기울여주기를 바라는 욕구와 함께 앉아 계세요. (4) 마지막으로, 여러분의 의도 및 목적과 다시 연결하세요. 이것은 열쇠 1에서 아이와 어떻게 상호작용하고 싶은지와 관련해 당신이 설정해놓은 것입니다. '그'곳에서 그다음으로 나아가세요.

> 개인의 내적 변형을 통해 세계 평화를 이루려는 시도가 비록 힘들기는 하지만, 그럼에도 그것만이 유일한 길이다.
> ▶달라이 라마

자녀가 흥분하거나 통제 불능 상태로 질주하고 있을 때 부모는 이와 같은 단계를 통해 안내함으로써 아이가 에너지를 다른 방향으로 쓰도록 도울 수 있습니다. 감정이 고조되지 않았을 때, 또는 가족 모임을 하는 동안에, 여러분은 이 단계들을 거듭 살피며 연습할 수 있고, 또 여러분을 다시 회복시켜주어 여러분과 자녀가 더 많은 시간을 선택하며 살아갈 수 있게 해주는 활동을 탐구할 수 있습니다.(진정시키고 분노를 변형시키는 활동에 관해서는, 3부, '주제: 삶을 풍요롭게 하는 연습'에 있는 스트레스 해소, 재충전, 분노 변형시키기를 보세요.)

감정이 몹시 격앙되었을 때에는 갈등에 관한 대화는 다음으로 미루는 것이 좋습니다. 주의와 정신을 집중할 수 있고, 기꺼이 하려는 마음이 회복될 때까지요. 그러나 일단 모든 사람이 진정되고 다시 즐거워하게 되면, 이런 대화는 종종 잊히고 무기한 연기되곤 합니다. 갈등에 관해 이야기해서 좋은 시간을 망치고 싶은 사람은 아무도 없으니까요. 그 결과, 그 문제는 종종 전혀 다루어지지 않은 채 묻혔다가, 대개는 나중에 새롭게, 흔히는 더 심각해진 갈등으로 다시 떠오르곤 합니다. 만약 어떤 갈등에 관한 토론을 뒤로 미루기로 선택한다면, 기억하세요, 나중에, 편하고 기분 좋게 연결된 시간에, 즉 가장 생산적일 수 있을 때에 그 문제를 다시 다루어야 한다는 점을요.

간단한 대화로는 여러분이 원하는 연결을 얻지 못할 때, 3부에서 설명하는 두 가지 강력한 프로세스가 있습니다. 이 프로세스는 모든 사람의 말이 서로에게 들리도록 도와주고, 그래서 모든 사람이 다시 서로 이해하고 존중하게 해줄 겁니다. 한 가지 활동은 혼자서도 할 수 있는 것으로, '내 갈등 해결하기'입니다. 다른 활동은 '기린 중재'를 도와줄 제3자가 필요합니다. 이 활동과, 평화로운 갈등 해결을 위한 다른 활동들은 3부 앞부분이나 이 책 앞부분의 목차에 나오는 표와 가족 활동 목록에서 찾아볼 수 있습니다.

요약

노폴트 존을 만들면 아이들이 올 겁니다.

존중과 협력이 가득한 장소를 마음속에 그려볼 수 있다면, 여러분은 그것을 창조하는 길 위에 있는 겁니다. 연결과 화합에 대한 깊은 바람을 가지고 있다면, 여러분은 그것을 실현하는 길을 가고 있는 겁니다. 우리 집을 그런 곳으로 만들어보겠다는 의도와 목적을 선택한다면, 여러분은 한 번에 한 걸음씩, 한 번에 하루씩, 자신의 생각과 행동을 그것을 창조하는 데에 일치시킬 수 있습니다. 연습과 활동을 포함하여, 이 책에 있는 7개 열쇠는 여러분 안에 있는 창조 능력을 드러내줍니다. 존중과 협력이 가득한 곳을 우리는 '노폴트 존'이라고 부릅니다. 여러분은 다른 이름으로 부르고 싶을 수도 있겠지요.

이곳에서는 사람들이 일을 하는 선한 이유를 모두가 이해하려고 합니다. 당신과 아이는 자신들의 욕구가 고려되고 보살펴지리라고 믿습니다. 비판이나 비난, 처벌 대신에 존중하는 마음으로 욕구에 초점을 맞춥니다. 그리고 서로를 위해 삶을 더 재미있고 더 멋지게 만들려고 모든 사람이 협력합니다.

13세기 페르시아의 철학자이자 시인인 루미^{Rumi}는 그런 곳을 "잘함과 잘못함 너머에 있는 들판"이라고 묘사했습니다. 여러분이 노폴트 존을 만들어낸다면, 그것이 들판이든 성이든, 다른 사람들은 그곳에서 여러분과 만나고 싶어 할 겁니다. 그들 또한 가슴속에서 그곳을 간절히 바라고 있을 테니까요. 여러분의 집은 아이가 있고 싶어 하는 장소가 될 겁니다. 그리고 존중과 협력에 바탕을 둔 집을 창조하는 부모 한 사람 한 사람이 우리 모두를 평화롭고 지속가능한 세상을 창조하는 데로 더 가까이 데려갑니다.

Part 3

가족 활동과
노폴트 존에서 온 이야기들

3부는 재미, 영감, 그리고 그 밖의 기술 개발을 위해 다양한 게임과 활동, 이야기를 제공합니다. 이름 또는 주제별로 개별 활동을 찾으려면 3부 시작 부분에 있는 가족 활동 목록이나 책 앞부분에 있는 표외 기족 활동 목록을 보세요.

1장 — 가족활동
2장 — 노폴트 존에서 온 이야기들

가족 활동 목록

- 주제: 기린 문화와 자칼 문화
  - 기린 말과 자칼 말 소개

- 주제: 가족 모임
  - 합의 사항 함께 만들기
  - 가족 공감 체크인
  - 욕구 목록
  - 욕구 보물 상자
  - 느낌 책
  - 선물 체인
  - 사명 선언문 만들기
  - 관찰인가, 평가인가?
  - 욕구 만다라
  - 행운의 과자
  - 느낌 나뭇잎

- 주제: 삶을 풍요롭게 하는 연습
  - 감사 표현하기
  - 재충전
  - 자기 욕구 가늠해보기(부모용)
  - 기린 감사 노트
  - 판단 번역하기
  - 분노 온도계
  - 스트레스 해소
  - 내면 보살피는 시간 가지기
  - 자기 욕구 가늠해보기(자녀용)
  - 기린 일기
  - 분노 변형시키기
  - 매일 보는 리마인더

- 주제: 평화로운 갈등 해결
  - 멈춰!
  - 내 갈등 해결하기
  - 두 가지 공연
  - 기린 중재

- 주제: 기린과 자칼 놀이
  - 기린 귀와 자칼 귀
  - 느낌 카드와 욕구 카드

1장

가족 활동

주제 — 기린 문화와 자칼 문화

- 기린 말과 자칼 말 소개

모든 문화에서 언어는 일정한 방식으로 보고 생각하고 표현하고 듣게 해줍니다. 기린 말은 정직, 연민, 존중 어린 상호작용을 소중히 여기는 문화를 표현하고 지원하며, 전 세계의 영적 전통이 장려하는 사랑을 보여줍니다.

그러나 수천 년 동안 사람들은 서로 존중하고 협력하는 관계를 만드는 걸 어렵게 하는 언어를 배우고 사용해오고 있습니다. 이 언어는, 가족 안에서 매일같이 일어나는 갈등을 포함하여, 온 세상에 엄청나게 많은 고통을 일으켰습니다.

자칼 말 Jackal Language

자칼은 습관화된 말의 상징입니다. 자칼은 땅 위를 낮게 달리며 좁은 시야를 가지고 있기 때문이지요. 자칼 말로 생각하고 말하면, 일을 하는 방식에서 우리가 선택할 수 있는 범위가 매우 제한될 수 있습니다.

- **사람들에게 꼬리표 달기**: 넌 못됐어. 그 여자는 권위적이야. 난 게을러.
- **판단하기**: 내가 옳아. 네가 틀렸어. 우린 착해. 저들이 나빠.
- **비난하기**: 그건 저 사람 잘못이야. 넌 했어야 했어. 내 잘못이야.
- **선택을 인정하지 않기**: 넌 해야만 해. 넌 못 해. 난 못 해. 그들이 나한테 시켰어.
- **강요하기**: 내 말대로 하지 않으면, 후회하게 될 거야.

진심 어린 연결과 협력을 촉진하는 것과는 거리가 먼 자칼 말은 사람들로 하여금 자기 자신과 그리고 다른 사람들과 연결하지 못하게 만듭니다. 그러나 다르게 말하는 다른 모델이 없는 상황에서는 그것이 당연하게 여겨집니다.

기린 말 Giraffe Language[1]

연민의 언어는 비폭력대화[NVC], 연민의 대화 Compassionate Communication, 삶의 언어 the Language of Life 등 여러 다른 이름으로 불리고 있습니다. 또한 기린 말이라고도 알려져 있습니다. 기린이 모든 육상동물 가운데 가장 큰 심장을 가지고 있기 때문이고, 기린의 목이 삶을 길고 넓은 시각으로 보게 해주기 때문입니다.

기린 시각에는 비전 vision과 큰 심장, 즉 생각과 느낌의 통합이 포함됩니다. 기린 말을 하는 사람들은 욕구를 충족할 방법이 많다는 것을 볼 수 있습니다. 그들은 자기에게 일어나고 있는 것을 정직하게 보고, 자기가 원하는 것을 요구하며, 다른 사람이 무엇을 느끼고 무엇을 필요로 하는지 듣기 위해 위험을 무릅씁니다.

많은 NVC 교사들은 주요 차이를 명확하게 구분하기 위해서 기린과 자칼의 인형과 귀를 사용합니다.[2] 인형과 귀는 또한 역할극을 할 때 시각 효과를 내기도 하고 프로세스를 배우는 데 재미와 웃음을 더해주기도 합니다. NVC를 배우는 데 인형과 귀가 반드시 필요한 것은 아니지만, 대부분의 아이들과 성인들은 그것을 즐겁게 경험합니다. 열 살에서 열여덟 살 사이의 젊은이들은 흔히 인형과 귀가 다소 유치

---

[1] 국제비폭력대화센터에서 기린 이미지와 기린이라는 이름을 사용하는 것은 기린의 꿈 프로젝트 the Giraffe Project와 아무런 관련이 없습니다. 기린의 꿈 프로젝트는 그 자체의 훈련과 교육 자료를 가지고 있는 서로 완전히 다른 조직입니다.

[2] 인형과 귀는 한국비폭력대화센터 홈페이지 www.krnvc.org에서 구입할 수 있습니다. 이 책에 소개된 몇 가지 활동들은 기린 귀와 자칼 귀를 사용하면 더 효과적입니다.

당신은 어떤 말을 사용하고 있나요?

☐ 기린 말	☐ 자칼 말
선택을 알아준다 나는 선택한다, 원한다, 할 수 있다. 욕구를 충족할 방법은 많다.	선택을 인정하지 않는다 난 해야 해, 해야만 해. 난 못 해. 단 한 가지 방법밖에 없어.
풍부하다고 인식한다 우리가 나눈다면 충분하다. 모든 사람의 욕구는 충족될 수 있다. 너와 나	부족하다고 인식한다 골고루 돌아가기에는 충분치 않다. 모두의 욕구를 다 충족시킬 수는 없다. 너 아니면 나
관찰하고 표현한다 나는 ……을 본다/듣는다/기억한다.	평가하고 판단한다 그건 ……한 거야. 넌 너무…… 그 애는 못됐어. 그 애는 버릇이 없어.
내 느낌과 욕구에 책임을 진다 나는 ……가 필요하기 때문에 …… 느낀다.	남을 비난한다/ 자신을 비난한다 네가 ……하기 때문에 나는 …… 느껴.
내가 원하는 것을 요청한다 내가 원하는 건 이거야. 네가 원한다면.	강요한다 넌 ……해야 해. 너 ……하지 않으면 ……
공감으로 듣는다 …… 느끼니? ……가 필요하기 때문에?	선별해서 듣는다 제안하기, 설교하기, 충고하기, 다투기, 바로잡기, 분석하기 등

당신은 어떤 말을 사용하고 싶은가요?

하다고 생각할 수 있습니다.

 기린과 자칼 은유는 두 종류의 사고를 편리하고 재미있게 표현하려는 용어지, 두 종류의 사람들이 있다는 믿음을 뒷받침하는 꼬리표가 아닙니다. 우리는 모두 자칼 방식으로 생각하고 듣고 이야기하는 데 감염되기 쉽습니다. 그런데 또 누구라도 바로 지금 연민과 존중의 말인 기린을 배우기 시작할 수 있습니다.

주제 — 가족 모임

■ **합의 사항 함께 만들기**

목표: 모든 사람의 욕구를 충족시킬 가족 합의 사항을 만들고 활용하기
활동 유형: 소개

합의에 영향을 받는 모든 사람이 합의 사항을 만드는 데 참여하면 존중과 협력에 기여하는 몇 가지 일이 일어납니다. 모두가 가족 의사 결정에 적극 참여자가 됩니다. 그리고 합의 사항을 함께 만드는 일은 참여, 존중, 배려, 안심 같은 욕구를 충족시켜줍니다. 이런 것들은 대개 집에서 자녀뿐 아니라 부모에게도 중요한 욕구입니다.

그와 반대로, 부모가 규칙을 정하고 그것을 어겼을 때 어떤 결과가 올지 정해놓으면, 부모는 위반이 발생했을 때 그것을 알아차리고 벌을 주는 집행자가 됩니다.

가족 합의 사항을 함께 만들려면, 다음 질문을 하는 것으로 시작하세요. "어떤 집을 원해? 너 자신으로 있어도 될 만큼 안전하다고 느끼려면 무엇이 필요해?"

가장 흔히 표현되는 욕구는 안전, 배움, 존중, 다른 사람에 대한 배려, 환경보호 같은 것들입니다. 일단 욕구 목록이 만들어지면, 가족 중 한 사람 한 사람이 그 욕구를 충족하는 데 도움이 될 만한 행동 목

록을 몇 가지씩 적어볼 수 있습니다.

그런데 가족 중 누군가가 다른 사람이 표현한 욕구를 충족시키지 못하는 행동을 한다면 무슨 일이 일어날까요?

가족 중 누구라도 다음과 같이 표현할 수 있습니다. (1) 자기가 관찰한 것을 표현하고, (2) 일어나고 있는 일에 대해 어떻게 느끼는지 표현하고, (3) 일어나고 있는 일 때문에 어떤 욕구가 충족되지 않는지 말하고, (4) 매우 구체적인 부탁을 합니다.

이때 가장 중요한 점은 잘못한 사람을 아무도 벌주지 않는 것입니다. 가족 중 누군가가 합의 사항을 지키지 않을 때 그로 인한 영향을 받는 사람은 자기 생각을 말하고 원하는 것을 부탁할 필요가 있습니다.

주제 — 가족 모임

- **사명 선언문 만들기**

목표: 서로 어떻게 상호작용하고 싶은지, 개인에게 그리고 집 전체로 볼 때 중요한 것이 무엇인지에 관한 가족 선언문 만들기(이것은 안전감, 신뢰감, 소속감을 확립할 수 있는 좋은 방법입니다.)

활동 유형: 토론하기, 쓰기

자료: 흰 종이나 색지, 컬러 마커 그리고/또는 색연필

방법

각자 신체적·정서적으로 안전하다고 느끼려면 무엇이 필요한지에 관한 아이디어를 냅니다. 아이디어를 모아 하나의 선언문으로 작성합니다. 다음 예를 참고하세요.

예 1:

"우리는 우리 집을 모두에게 안전한 곳으로 만들고 싶다.
우리가 느끼는 것을 느끼고, 필요한 것을 필요로 하고, 우리 욕구를 충족하기 위해 원하는 것을 요청하는 것이 허용되는 곳,
정직할 수 있고 우리 각자가 본 대로 진실을 말할 수 있는 곳,
비판하지 않고 비난하지 않고 수치심을 주지 않는 곳,

우리 각자의 욕구가 똑같이 중요하게 여겨지는 곳,
그리고 가능한 한 가장 필요한 것을 충족하기 위해 우리 모두 함께 노력하는 곳으로."

예2:
"여기는 '안전한 곳'이다.
우리는 함께 웃고, 우리는 함께 배우고, 우리는 함께 성장한다."

선언문을 장식하고 액자에 넣어 모두가 볼 수 있는 곳에 걸어두고, 각자가 원하는 집의 모습을 함께 결정했다는 것을 떠올리게 해주는 리마인더로 사용할 수 있습니다. 그것은 가족 구성원이 만들고 싶은 집을 위한 공동의 비전 역할을 합니다. 매일같이 가족 선언문과 일치하는 삶을 살 수 있도록 함께 노력할 수 있습니다.

주제 — 가족 모임

■ **가족 공감 체크인**

목표: 자신의 느낌과 욕구에 연결하고 가족과 연결하기
활동 유형: 말하기 듣기
자료: 느낌 카드와 욕구 카드(선택: 느낌말 목록과 욕구 목록을 참조해서 카드를 만들 수 있습니다.)

방법

1. 테이블이나 바닥에 둥글게 둘러앉습니다. 그 안의 공간에 욕구 카드 전부를 모두가 볼 수 있도록 앞면이 위로 오게 하여 펼쳐놓습니다.
2. 한 사람(말하는 사람)이 느낌 카드 전부를 들고 있습니다. 말하는 사람은 최근에 있었던 어떤 일에 관해 짤막하게 이야기하고, 그 상황에서 자기 느낌을 표현하는 느낌 카드를 골라 앞면이 위로 오게 하여 자기 앞에 놓습니다.
3. 말하는 사람 왼쪽에 있는 사람이 욕구 카드 하나를 집어 들어 말하는 사람 앞에 놓고 다음과 같이 물으며 공감 추측을 합니다. "당신은 (뽑은 욕구 카드에 적힌 욕구를 말한다.)이 필요하기/필요했기 때문에 (말하는 사람이 언급한 하나 또는 그 이상의 느낌을 반영한다.)느끼시나요/느끼셨나요?"
말하는 사람은 모든 추측이 다 나올 때까지 이 질문이나 그 후에 이어지

는 모든 추측에 반응하지 않습니다. 말하는 사람은 그저 공감 추측을 듣기만 하면서 사람들이 제시하는 욕구를 깊이 생각합니다.

4. 원을 따라 돌면서, 한 번에 한 사람씩 공감 추측을 하며 말하는 사람 앞에 욕구 카드를 한 장씩 놓습니다. 추측되는 적절한 욕구가 있는데 자기가 원하는 욕구 카드가 바닥에 더 이상 없다면, 참가자는 "저는 패스하겠습니다."라고 말할 수 있습니다.

5. 모든 추측이 다 나왔으면, 말하는 사람은 어떤 욕구가 가장 가슴에 와닿는지 말합니다. 이 지점에서 말하는 사람은 그 상황에서 중요한데 추측되지 않은 욕구 카드를 더 고를 수도 있습니다. 그런 다음, 모든 욕구 카드를 원 가운데에 다시 놓고, 느낌 카드는 왼쪽에 있는 사람(다음 차례가 될 사람)에게 건네줍니다.

변형: 와일드카드

조커/와일드카드는 만들어진 카드 세트 안에는 없는 느낌과 욕구를 추측할 때 사용할 수 있습니다.(카드 한 벌 안에는 아무것도 쓰여 있지 않은 빈 카드가 있습니다. 이것을 조커 또는 와일드카드라고 합니다. - 옮긴이)

변형: 카드 쇼

가족 체크인을 빨리 하기 위해, 각자가 느낌과 욕구 카드 한 벌씩을 가지고 시작합니다. 가족 모임을 시작할 때, 또는 아무 때라도 누군가가 '카드 쇼'를 하자고 요청하면, 각자 자기에게 일어나고 있는 것을 표현해주는 느낌 카드(들)와 욕구 카드(들)를 다른 사람들이 볼 수 있도록 들고 있을 수 있습니다.

 — **가족 모임**

■ 관찰인가, 평가인가?

목표: 관찰과 평가 구별하기

활동 유형: 읽기, 쓰기, 분류하기, 토론하기, 게임하기

자료: 세 가지 색 판지, 매직펜, 문장 표(p. 223을 보세요.)

사전 준비

- **관찰**: 어떤 판단이나 평가도 섞이지 않은 문장. 관찰하기 위해서는, 비디오카메라 렌즈를 통해 보고 있다고 상상하며 그 카메라가 기록했을 광경과 소리를 묘사하세요.

  관찰 예: "내가 너한테 이야기하고 있는데, 넌 책을 보고 있네."

- **평가**: 보고 듣고 있는 것에 관한 당신의 신념이나 생각, 의견을 포함하는 말.

  평가 예: "넌 내 말을 듣는 법이 없구나."

방법

1. 관찰과 평가의 차이를 복습합니다.
2. 문장 표를 자른 다음 반으로 접어서 그릇에 담습니다.
3. 색 판지에 관찰, 평가, 그리고 "?"(관찰인지 평가인지 불확실한 문장을 위해)

라고 제목을 적어서 테이블 가운데에 놓습니다.

4. 한 번에 한 사람씩 반으로 접힌 종이를 꺼내서 읽고, 그것이 관찰인지 평가인지 또는 불확실한지 결정한 다음, 읽은 종이를 알맞은 제목이 적힌 판지 위에 올려놓습니다.

5. 모든 문장 표가 세 가지 판지 위에 다 놓일 때까지 순서대로 계속합니다.

6. 다 했으면, "?"가 표시된 판지 위에 놓인 표를 어디에 놓을지 의논해서 결정합니다.

7. 모든 표가 관찰이나 평가라고 적힌 종이 위에 다 놓였으면, 관찰을 모두 읽습니다. 평가가 섞여 있는지 보기 위해서입니다. 또, 모든 평가도 다 읽습니다. 거기에 관찰이 섞여 있지 않은지 보기 위해서입니다.

"관찰인가, 평가인가?"

관찰	평가
그 사람이 나한테 과자를 주었어.	그 사람은 마음이 좋아.
지난번 우리가 함께 놀 때 난 피가 났었어.	넌 너무 거칠게 놀아.
그 애가 나보고 같이 게임하자고 했어.	그 애는 정말 친절해.
저 애들은 창문에 코를 대고 있다.	그 애들은 바보 같은 짓을 하고 있다.
그 여자가 트림했어.	그건 무례한 짓이야.
너 저녁밥을 다 먹었구나.	넌 정말 잘 먹는구나.
넌 다리를 쭉 뻗고 앉아 있구나.	넌 자리를 너무 많이 차지하고 있어.
저 사람은 사과에 겨자를 발랐다.	역겨워.
그 사람은 이번 주에 책을 두 권 읽었다.	그 사람은 똑똑하다.
네가 내 안경을 깔고 앉았었는데, 지금 보니 휘었어.	이 바보 멍청이!
네가 나한테 부딪쳤잖아.	넌 너무 굼떠.
그 애가 나를 금 밖으로 밀어냈어.	그 애는 깡패야.
넌 내가 나오라고 한 뒤에도 계속 안에 있었어.	넌 운동신경이 없어.
마지막 파이 두 조각을 네가 먹었어.	넌 이기적인 돼지야.
그 사람이 날 게임에 끼워줄 수 없다고 했어.	못됐어.
그 애가 선생님한테 내가 자기 연필을 가져갔다고 말했다.	그 앤 고자질쟁이야.
내가 아팠을 때 그녀가 날 보러 와줬다.	그녀는 좋은 친구다.
숙제하는 데 두 시간 걸렸어요.	넌 아주 좋은 학생이야.
풀이 테이블 위에 있네.	넌 항상 이렇게 어지르기만 하는구나.

주제 — 가족 모임

■ **욕구 목록**

목표: 욕구를 이해하고, 욕구 어휘를 늘리며, 참고할 공통의 욕구 목록 만들기

활동 유형: 토론과 쓰기

자료: 흰색 큰 종이나 포스터보드, 컬러 마커 그리고/또는 색연필

방법

1. 세상 모든 사람이 필요로 하는 것에 관해 토론하고 그 내용을 종이나 포스터보드에 적습니다.
2. 그림을 그려 넣을 수 있는 곳에 욕구 삽화를 넣습니다.
3. 가장자리를 장식해서 냉장고 문에 붙입니다.

주제 — 가족 모임

- **욕구 만다라** Mandala

목표: 욕구 어휘를 개발하고 욕구에 대해 올바르게 이해시키기

활동 유형: 미술과 쓰기

자료: 커다란 판지, 그림이 많은 낡은 잡지, 풀, 리본

방법

1. 판지에서 큰 원을 하나 잘라냅니다.
2. 원에 선을 그어 여섯 부분으로 나눕니다.(반드시 파이 모양으로 나눌 필요는 없습니다.)
3. 각 부분에 다음 중 하나를 적습니다. 생존 욕구(음식, 물, 주거), 안전/보호, 소속/수용, 배움/존중, 선택/자기 주도, 공동체.
4. 이런 욕구를 나타내는 그림을 잡지에서 오려 원 위에 붙입니다.
5. 판지 전체에 그림을 다 붙였으면, 원 가장자리를 따라 리본이나 가두리 끈 장식을 붙여서 테두리를 만든 다음, 벽에 걸어놓습니다. 모빌을 만들고 싶으면, 양면을 모두 장식해서 천장에 매답니다.

주제 — 가족 모임

■ **욕구 보물 상자**

목표: 욕구 어휘 늘리기, 욕구의 소중함을 귀중히 여기기

활동 유형: 미술과 쓰기

자료: 보석 모양(원, 다이아몬드, 하트, 정사각형, 직사각형)으로 자른 색종이, 봉투

방법

1. 친구 관계에서, 자기 자신에게, 가족 간에, 자연에서, 학교나 집 등에서 무엇을 소중하게 여기는지 모두에게 물어보세요.
2. 욕구는 귀중한 보석과 같은 것이라고 암시합니다.
3. 종이 보석 위에 각자가 소중히 여기는 것을 적습니다.
4. 봉투를 장식해서 그 보석을 넣어둘 보물 상자를 만듭니다.
5. 자기 보물을 서로 나눕니다.
6. 모두가 중요하다고 동의하는 공통의 욕구와 가치를 눈여겨봅니다.

주제 — 가족 모임

■ 행운의 과자

목표: 관찰과 평가를 구별하는 법 배우기

활동 유형: 협력 게임

자료: 한 사람당 4~5개씩 돌아갈 정도의 행운의 과자 한 접시, 한 사람당 카드 4장씩(대략 8×12센티미터 색인 카드가 좋습니다). 첫 번째 카드에는 F 또는 운이라고 적고, 두 번째 카드에는 E 또는 평가라 적고, 세 번째 카드에는 O 또는 관찰이라 적고, 마지막 카드에는 ?(물음표)를 적습니다.

사전 준비

다음 세 가지의 차이에 대해 토론하세요.

- **운**: 미래에 무슨 일이 일어날 거라는 진술

  "당신은 내일 운이 좋을 거예요."

- **평가**: 누군가의 특성이나 상태를 아는 체하면서 하는 진술

  "당신은 행복한 사람입니다."

- **관찰**: 비디오카메라가 보거나 녹음기가 녹음할 수 있는 진술

  "고양이가 당신 무릎에 앉아 가르랑거리고 있다."

방법

식사 후에 하면 좋은 게임으로, 과자와 함께 곁들일 차를 준비해도 좋습니다.

이 아이디어는 행운의 과자 안에 들어 있는 종이쪽지를 읽으며 운과 평가와 관찰의 차이를 함께 탐구하면서 재미있게 놀자는 것입니다.

번갈아가며 행운의 과자를 집어서, 그것을 열고, 종이쪽지에 적힌 문장을 읽습니다.(원하면 과자를 먹어도 됩니다.) 그런 다음 물음표와 운, 평가, 또는 관찰이라고 적힌 카드 가운데 자신이 생각하는 것을 모두가 한 장씩 들어서 보입니다. 누군가가 그만하자고 할 때까지 계속합니다.

변형: 종이 쿠키

행운의 과자가 없다면 종이로 만들어 쓸 수도 있습니다. 황갈색 종이를 지름 8~10센티미터 정도 크기로 둥글게 잘라, 각각 두 번씩 접어 행운의 과자와 비슷하게 만듭니다. '과자'를 열어서 그 안쪽에 운이나 평가, 관찰, 또는 그 밖의 무슨 말이든 적는데, 쓰고 싶은 사람은 누구든 씁니다. 그런 다음 과자를 다시 접어서 그릇에 담습니다. 한 번에 한 사람씩 과자를 꺼내서 그것을 읽고, 그것이 어느 유형에 속하는지 토론합니다.

주제 — 가족 모임

- **느낌 책**

목표: 느낌 탐구하기, 좋은 느낌도 나쁜 느낌도 없다는 것을 알기, 느낌말 사전 만들기

활동 유형: 쓰기와 그리기

자료: 책의 페이지를 만들기 위한 색 판지, 색연필, 마커(선택: 그림을 오려 내기 위한 잡지, 가위, 풀, 책 표지용 장식 종이)

방법

개인 느낌 책

가자 새 도화지로 책을 한 권씩 만듭니다. 페이지마다 각기 다른 느낌 단어를 쓰고, 자기가 그 느낌을 어떻게 경험하는지 보여주기 위해 그림을 그리고 색칠합니다. 잡지가 있으면 그 안에 있는 그림을 오려 붙여도 됩니다.

가족 느낌 책

가족이 함께 탐구하고 싶은 각각의 느낌을 담은 가족 느낌 책을 만듭니다. 각자가 그 느낌에 관한 그림을 그리거나 글을 써서 한두 페이지씩 채웁니다.

주제 — 가족 모임

■ **느낌 나뭇잎**

목표: 느낌과 욕구가 어떻게 연결되는지 알기(느낌은 우리의 충족된 욕구와 충족되지 못한 욕구에서 비롯한다.)

활동 유형: 미술

자료: 커다란 차트 용지, 가로와 세로가 15센티미터 정도인 초록색 정사각형 종이 몇 장, 크레용, 마커, 테이프

사전 준비

이 활동을 시작하기 전에 먼저 보편적인 욕구의 개념을 소개하고 욕구 목록을 만듭니다.(욕구 목록의 예에 관해서는, 열쇠 2와 열쇠 5, 그리고 '주제: 가족 모임' 중 욕구 목록을 보세요.)

느낌과 욕구의 연관성을 잘 익히세요.(열쇠 2와 열쇠 5를 보세요.)

방법

1. 차트 용지에 아무나 한 사람이 잎사귀가 하나도 없는 나무 두 그루를 그립니다. 나무 한 그루는 가지가 하늘을 향하게 그리고, '욕구가 충족되었을 때'라는 제목을 붙이세요. 다른 나무는 가지가 땅을 향하게 그리고, '욕구가 충족되지 않았을 때'라는 제목을 붙이세요.

2. 우리의 모든 느낌은 자신의 욕구에서 비롯한다고 암시하면서, 느낌이 어디에서 오는지 탐구하세요.

   어떤 느낌은 우리 욕구가 충족되었을 때 일어납니다. 탐구: 배고픔에 대한 욕구가 충족되면 느낌이 어떤가요? 재미 욕구는? 무언가 새로운 것을 배울 때는?

   다른 어떤 느낌은 우리 욕구가 충족되지 않았을 때 일어납니다. 탐구: 휴식에 대한 욕구가 충족되지 않을 때 느낌이 어떤가요? 이해 욕구는? 우정은?

3. **느낌 나뭇잎 만들기**: 사각형 초록색 종이를 반으로 접어 반쪽 나뭇잎 모양으로 찢은 다음, 색종이를 펼쳐서 온전한 나뭇잎 모양이 되게 합니다. 이때 가위를 사용해서 잘라도 됩니다. 열쇠 5에 있는 느낌 목록을 복사해서, 나뭇잎 한 장에 느낌 하나씩 적습니다.

4. 나뭇잎들을 테이블 위나 바닥에 느낌 단어가 보이도록 펼쳐놓으세요. 그런 다음 한 번에 한 사람씩 나뭇잎 한 장을 집어서 거기 적힌 느낌을 말하고, 이 느낌을 자신의 욕구가 충족될 때 느끼는지 충족되지 않을 때 느끼는지 결정합니다. 그런 다음, 그 느낌이 속한다고 생각되는 나무에 테이프로 붙입니다. (*대부분의 느낌말은 충족되거나 충족되지 못한 욕구와 분명하게 연관되어 있습니다. 그런데 '놀라다' 같은 어떤 느낌 단어는 어느 쪽에든 붙일 수 있습니다.)

주제 — 가족 모임

■ **선물 체인**

목표: 가족이 주는 많은 선물에 대해 감사하기

활동 유형: 말하기 듣기

자료: A4 용지, 가늘고 길게 자른 여러 가지 색 판지 조각들(대략 2×20센티미터), 풀이나 테이프 또는 스테이플러

방법

1. A4 용지 맨 윗부분에 각자 자기 이름을 적고, 자기가 줄 선물 목록을 만듭니다. 목록을 만드는 데 다른 사람이 도와줄 수 있습니다.
2. 판지를 2×20센티미터 크기로 자릅니다.
3. 자기 목록에 있는 선물을 길게 자른 색 판지에 하나씩 옮겨 적습니다.
4. 함께 나눌 선물을 한데 모아 사슬 모양으로 만들어 현관 주위에 걸어두거나, 합의된 다른 장소에 둡니다.
5. 거기에 계속해서 사슬을 추가할 수 있습니다.

주제 — 삶을 풍요롭게 하는 연습

■ **감사 표현하기**

목표: 연민 어린 가슴 키우기, 선택하고 존중하며 상호작용하는 습관 기르기

활동 유형: 가족 토론, 가족 일기 쓰기, 개인 일기 쓰기

자료: 가족 감사 일기를 쓸 노트 한 권 또는 개인 노트 한 권

방법

1. 감사의 의미와 느낌에 대해 토론합니다. 영감을 얻기 위해 다음 인용문을 사용하세요.

   "감사는 가슴이 기억하는 것이다."(프랑스 격언)

   "감사하는 기술을 많이 연습할수록 감사할 일이 더 많이 생긴다. 이것은 물론 사실이다. 감사는 감사로 재생산되는 경향이 있다. 감사하는 태도는 다른 모든 태도를 활성화시켜 창조성을 자극함으로써 정신 작용 전체에 새로운 활력을 불어넣어준다."(노먼 빈센트 필 Norman Vincent Peale)

2. 돌아가며 다음 질문에 대답해보세요. "당신은 무엇에 감사하나요?"

3. 가족 감사 일기를 만들고, 거기에 각자 한 페이지에 감사 하나씩 추가할 수 있는데, 자기가 무엇에 감사하고 있는지를 글로 써도 되고 그림을 그려도 됩니다.

4. 개인별로 감사 일기를 만들어 매일 잠들기 전에 쓸 수 있습니다. 줄 쳐진

노트나 백지 노트를 사서 쓸 수도 있고 아니면 직접 만들어 쓸 수도 있습니다. 아래와 비슷한 양식으로 감사 일기를 작성할 수도 있습니다.

날짜:

   오늘 _____ 때 _____ 이라는 내 욕구가 충족되었다.

주제 — 삶을 풍요롭게 하는 연습

■ 스트레스 해소[4]

목표: 호흡, 정신, 가슴의 리듬을 일치시키기

활동 유형: 내면 알아차림

방법

1. 자신이 스트레스를 받고 있음을 알아차립니다.
2. 정지 버튼을 누릅니다.

   하고 있는 것을 즉시 멈추세요. 당신은 지금, 나중에 후회하게 될 무언가를 하려고 합니다. 정지 버튼을 누르지 않으면 당신은 점점 더 동요하게 될 겁니다.

3. 가슴과 호흡에 집중하세요.

   가슴 부위로 숨을 들이쉬고(넷을 셉니다)

   배로 숨을 내쉽니다(넷을 셉니다).

4. 고마움이나 감사하다는 느낌을 만들어냅니다.

   이런 느낌들을 느꼈던 때를 떠올려보고 그 느낌을 지금 다시 느낍니다.

---

[4] 『내면 이야기: 느낌의 힘 이해하기』*The Inside Story: Understanding the Power of Feelings*, HeartMath L.L.C., 2002에 있는 하트매스 정지 장면 HeartMath Freeze-Frame 훈련을 이 책에 맞게 쓴 것입니다.

5. 그 느낌을 유지하면서 6~8번 호흡합니다.

6. 체크인

    자신에게 물으세요.

    "나는 다르게 느끼고 있나?"

    "문제를 다룰 새로운 아이디어가 떠오르고 있나?"

주제 — 삶을 풍요롭게 하는 연습

- **재충전**

목표: 깊은 휴식과 이완을 위한 선택 하기
활동 유형: 내면 알아차림

방법

인내심과 에너지가 고갈될 때가 바로 재충전할 시간, 다시 말해 가장 건강하고 가장 균형 잡힌 상태로 회복할 시간입니다. 이렇게 하는 시간을 의식적으로 가지지 않으면 재충전할 수가 없습니다.

이런 질문을 자신에게 해보세요.
- 나는 언제 가장 행복한가?
- 나는 어떤 활동을 할 때 가장 기쁘고 평안한가?
- 나는 어떤 사람(들)과 함께 있을 때 가장 나 자신이라고 느끼는가?
- 나는 어떤 장소에 있을 때 가장 평화롭고 고요한가?

가능하면 자주 이런 장소와 사람을 가까이 하고 함께 활동을 하세요.

주제 — 삶을 풍요롭게 하는 연습

■ 내면 보살피는 시간 가지기

목표: 스트레스나 분노, 그 밖의 다른 고조된 감정, 부정적인 감정을 느낄 때 마음을 가라앉히기, 자기 느낌과 욕구에 연결하기

활동 유형: 내면 알아차림

방법

1. **자신의 증상을 눈여겨보세요.**

    당신은 스트레스를 느끼거나 감정이 고조된 상태에 있습니다.

    신체 증상: 이것은 사람마다 다 다를 수 있습니다. 이런 증상에는 심박동수가 증가한다, 손이 축축하거나 땀이 난다, 특히 목둘레와 얼굴에 평소보다 열감이 느껴진다, 가슴이나 목이 답답하다 등이 포함됩니다.

    행동 증상: 평소보다 큰 소리로 말한다, 욕을 한다, 비하하는 말을 한다, 자신이나 다른 사람을 위협한다, 상대방을 밀치거나 치거나 때리거나 흔든다 등입니다.

2. **정지 버튼을 누르세요.**

    지금 하고 있는 것을 즉시 멈추세요. 당신은 지금, 나중에 후회하게 될 무언가를 하려고 합니다. 정지 버튼을 누르지 않으면 점점 더 동요하게 될 겁니다.

3. **평정을 되찾으세요.**

   심호흡을 몇 번 합니다.

   밖에 나가 산책을 하거나 달립니다.

   스트레칭을 합니다.

   친구에게 전화를 걸어 공감해달라고 합니다.

4. **느낌과 욕구에 연결하세요.**

   되도록 빨리, 자기 느낌과 욕구에 연결하세요.

   화가 난다면, 분노에 기름을 붓는, 분노를 일으키는 생각을 확인하세요.

   느낌을 느끼고, 당신이 주의를 기울여주기를 긴급하게 요구하는 욕구와 함께 있어봅니다.

   선택 사항: 혼자서 하는 공감 카드놀이

   어떤 느낌과 욕구인지 알기 위해 느낌 카드와 욕구 카드를 사용할 수 있습니다. 느낌 카드를 재빨리 훑어보고, 자신의 느낌을 표현하는 카드를 펼쳐놓으세요. 욕구 카드를 재빨리 훑어보고, 자신의 느낌 뒤에 있다고 생각되는 충족되지 못한 욕구를 나타내는 카드들을 펼쳐놓으세요.

5. **소통하려는 여러분의 목적과 의도에 다시 연결하세요.**

6. **여러분 자신, 여러분의 목적이나 의도와 연결된 바로 이곳에서부터 다음 단계로 나아가세요.**

주제 — 삶을 풍요롭게 하는 연습

■ 자기 욕구 가늠해보기 (부모용)

목표: 현재 자기 상황 살피기, 충족된 욕구 축하하고 충족되지 못한 욕구 애도하기, 주의를 기울여주기를 원하는 욕구 눈여겨보기

활동 유형: 부모들을 위한 자가 평가

방법

아래 양식을 복사해두고, 자기 욕구를 정기적으로 검토하고 가늠하는 데 사용하세요. 다음 욕구들을 최근에 얼마나 충족했는지, 만족도를 나타내는 숫자에 동그라미 치세요.(5는 만족, 1은 불만족을 나타냅니다.)

나 자신과 나의 관계

1—2—3—4—5   영양

1—2—3—4—5   휴식

1—2—3—4—5   운동

1—2—3—4—5   재미

1—2—3—4—5   균형

1—2—3—4—5   자기표현

1—2—3—4—5	창조적인 표현 수단
1—2—3—4—5	의미, 영적 연결
1—2—3—4—5	배움, 성장
1—2—3—4—5	기여
1—2—3—4—5	교제

아이와 나의 관계

1—2—3—4—5	안전과 신뢰
1—2—3—4—5	서로존중
1—2—3—4—5	협력
1—2—3—4—5	내 느낌과 욕구 분명하게 표현하기
1—2—3—4—5	아이 느낌과 욕구 듣기
1—2—3—4—5	아이의 "싫어!" 뒤에 있는 욕구 듣기
1—2—3—4—5	내가 원하는 것을 강요하지 않고 부탁하기
1—2—3—4—5	함께 즐거운 시간 보내기

집에서 다른 성인과 나의 관계

1—2—3—4—5	안전과 신뢰
1—2—3—4—5	협력
1—2—3—4—5	내 느낌과 욕구 분명하게 표현하기
1—2—3—4—5	그들의 느낌과 욕구 듣기

1—2—3—4—5   강요로 듣지 않고 부탁으로 듣기

1—2—3—4—5   내가 원하는 것을 강요하지 않고 부탁하기

1—2—3—4—5   함께 즐거운 시간 보내기

주제 — 삶을 풍요롭게 하는 연습

■ 자기 욕구 가늠해보기(자녀용)

목표: 자신에게 무슨 일이 일어나고 있는지 알기, 자기 욕구를 더 잘 충족하기

활동 유형: 자녀를 위한 자가 평가

방법

아래 양식을 복사해두고, 자신의 욕구를 정기적으로 검토해서 가늠하는 데 사용하세요. 다음 욕구들을 최근에 얼마나 충족했는지, 만족도를 나타내는 숫자에 동그라미 치세요.(5는 만족, 1은 불만족을 나타냅니다.)

나 자신과 나의 관계

1—2—3—4—5   나는 건강에 좋은 음식을 먹는다.

1—2—3—4—5   나는 휴식을 취한다.

1—2—3—4—5   나는 운동을 한다.

1—2—3—4—5   나는 재미있는 시간을 보낸다.

1—2—3—4—5   나는 화나거나 속상할 때 나를 진정시키는
　　　　　　　　방법을 알고 있다.

1—2—3—4—5   나는 창조적인 일을 하는 게 재미있다.

1—2—3—4—5   나는 내가 일을 하는 이유를 안다.

1—2—3—4—5   나는 배우는 것을 즐긴다.

1—2—3—4—5   나에게는 친구들이 있다.

1—2—3—4—5   나는 내가 좋다.

부모님과 나의 관계

1—2—3—4—5   나는 안전하다고 느낀다.

1—2—3—4—5   나는 부모님이 나를 보살펴준다는 것을 알고 있다.

1—2—3—4—5   나는 내 느낌과 욕구를 부모님께 말한다.

1—2—3—4—5   나는 부모님의 느낌과 욕구를 듣는다.

1—2—3—4—5   나는 내가 원하는 것을 강요하지 않고 부탁한다.

1—2—3—4—5   부모님은 원하는 것을 강요하지 않고 부탁하신다.

1—2—3—4—5   우리는 함께 즐거운 시간을 보낸다.

1—2—3—4—5   우리는 의사 결정을 함께 한다.

형제자매들과 나의 관계

1—2—3—4—5   나는 안전하다고 느낀다.

1—2—3—4—5   우리는 서로를 돌본다.

1—2—3—4—5   우리는 함께 일을 해결하는 방법을 알고 있다.

1—2—3—4—5   나는 내 느낌과 욕구와 원하는 것을 표현한다.

1—2—3—4—5   나는 그들의 느낌과 욕구와 원하는 것을 듣는다.
1—2—3—4—5   우리는 함께 즐거운 시간을 보낸다.

주제 — 삶을 풍요롭게 하는 연습

- **기린 감사 노트**

목표: 기린 감사를 표현하는 글짓기, 글쓰기, 그리고 그것을 전달하는 기술 발달시키기

활동 유형: 글쓰기

준비물: 기린 노트 양식(p.248을 보세요.)

사전 준비
관찰, 느낌, 욕구, 부탁을 잘 익히세요.

방법
1. 가족 모임에서 기린 노트를 소개하면서, 모두에게 가족 중 누군가가 무엇을 했을 때 욕구가 충족되었는지 생각해보라고 합니다.
2. 감사를 표현하는 기린 노트 쓰는 법을 보여줍니다.
3. 각자가 기린 노트를 쓰고, 쓴 것을 감사를 받을 사람에게 전달하게 합니다.
4. 이 활동을 통해 충족된 욕구뿐 아니라 노트를 쓰고 나서 느낌이 어떤지도 모두가 함께 나눌 수 있습니다. 또한 감사가 적힌 노트를 받는 게 어떤 느낌인지, 그리고 감사를 받으면 그로써 어떤 욕구가 충족되는지도 나눌 수

있습니다.

5. 노트에 색칠을 하고 장식할 수도 있습니다.

아직 글을 쓸 줄 모르는 아이들은 감사를 나타내는 그림을 그릴 수 있습니다. 가족 중 다른 사람이 자신의 욕구를 충족시켜주었던 사건을 그릴 수도 있고, 그때 느꼈던 느낌을 그릴 수도 있습니다.

기린 노트는 모든 사람이 쉽게 접근할 수 있는 곳에 쌓아두세요. 모든 사람이 적어도 하루에 한 번은 작성하도록 격려하세요. 이렇게 쓴 것이 저녁 식탁에서 깜짝 놀랄 즐거움을 줄 수도 있고, 아니면 가족 모임에서 그것을 서로 나눌 수도 있습니다. 그러다보면 아이들은 다른 친척들이나 선생님들, 그리고 학교 친구들과도 기린 노트를 나눌 수 있게 될 겁니다.

기린 감사 노트

_____ 에 대해 생각하면,

나는 _____ 을 느껴.

그것이 _____ 에 대한 내 욕구를

충족시켰기 때문이야.

주제 — 삶을 풍요롭게 하는 연습

■ **기린 일기**

목표: 자신이 원하는 대로 되지 않았던 상황에서 자기 공감하는 법을 익히고 연습하기, 자신이 원하는 대로 되었던 상황을 축하하는 습관 들이기

활동 유형: 글쓰기

준비물: 기린 일기 양식(다음 페이지를 보세요.)

사전 준비

관찰, 느낌, 욕구, 부탁을 잘 익히세요.

방법

어떤 상황에 관한 일기를 쓸 때 이 양식을 사용하세요. 그 상황에 관한 여러분의 관찰, 느낌, 욕구, 그리고 자신이나 다른 누군가에게 하고 싶은 부탁을 씁니다.

이 양식을 여러분이 원하는 대로 되지 않았던 상황을 헤쳐나아가고, 축하하고, 그리고/또는 감사를 표현하는 등, 자기 공감을 하는 데 사용할 수 있습니다. 이 책에 있는 양식을 복사해서 써도 되고, 자기만의 양식을 만들 수도 있습니다.

▶ 기린 일기

날짜:

상황/관찰:

내 느낌:

내 욕구:

나 자신 또는 다른 사람에게 하는 부탁:

▶ 기린 일기

날짜:

상황/관찰:

내 느낌:

내 욕구:

나 자신 또는 다른 사람에게 하는 부탁:

▸ 기린 일기

날짜:

상황/관찰:

내 느낌:

내 욕구:

나 자신 또는 다른 사람에게 하는 부탁:

▸ 기린 일기

날짜:

상황/관찰:

내 느낌:

내 욕구:

나 자신 또는 다른 사람에게 하는 부탁:

주제 — 삶을 풍요롭게 하는 연습

- **판단 번역하기**

목표: 판단을 욕구 메시지로 번역하는 법 배우기

활동 유형: 자기 성찰 훈련

자료: 종이(또는 아래 양식 사본)와 펜 또는 연필

사전 준비

판단은 욕구를 비극적으로 표현하는 것이다. 판단은 그 사람이 무엇을 느끼고 필요로 하는지를 분명하게 표현하지 못하며, 대개는 더 많은 판단과 비난을 일으킬 때가 많다. 판단 뒤에 있는 욕구 메시지를 들을 줄 알게 되면 이해, 연결, 선택, 평화를 더 많이 키울 수 있다.

자녀가(또는 다른 누군가가) **당신에 대해 하는 판단**

예:

아이가 한 말: "엄마는 내 말을 듣는 법이 없어요."

당신 느낌과 욕구: "슬프다. 나는 이해받고 싶고 기여하고 싶어."

아이 느낌과 욕구 추측하기: '저 애는 마음이 상했겠다. 자기를 중요하게 여겨주고 자기 말을 귀담아들어주기를 바라는 거겠지.'

아이가 한 말 : _____

당신 느낌과 욕구 : _____

아이 느낌과 욕구 추측하기 : _____

아이가 한 말 : _____

당신 느낌과 욕구 : _____

아이 느낌과 욕구 추측하기 : _____

아이가 한 말 : _____

당신 느낌과 욕구 : _____

아이 느낌과 욕구 추측하기 : _____

아이가 한 말 : _____

당신 느낌과 욕구 : _____

아이 느낌과 욕구 추측하기 : _____

당신이 자녀(또는 다른 누군가)에 대해 하는 판단

예 :

당신의 판단 : "저 앤 수다쟁이야."

당신 느낌과 욕구 : "나는 배려와 선택을 원하기 때문에 짜증 나."

당신의 판단: _____

당신 느낌과 욕구: 나는 _____ 가 필요하기 때문에 _____ 느낀다.

당신의 판단: _____

당신 느낌과 욕구: 나는 _____ 가 필요하기 때문에 _____ 느낀다.

당신의 판단: _____

당신 느낌과 욕구: 나는 _____ 가 필요하기 때문에 _____ 느낀다.

당신의 판단: _____

당신 느낌과 욕구: 나는 _____ 가 필요하기 때문에 _____ 느낀다.

주제 — 삶을 풍요롭게 하는 연습

- ### 분노 변형시키기

목표: 분노를 느낌과 욕구로 변형시키는 법 배우기

활동 유형: 자기 성찰 훈련

자료: 아무것도 필요 없음 (선택: 필기도구)

사전 준비

분노에 대해 이해해야 할 두 가지

- 분노는 중요한 욕구가 충족되지 못하고 있다고 경고하는 붉은 깃발이다.
- 이 연습을 하는 목적은 분노를 부정하거나 판단하려는 게 아니라, 흥분을 가라앉혀서 삶을 풍요롭게 하는 메시지를 듣고 자기 욕구를 충족할 수 있는 효과적인 행동을 하게 하려는 것이다.

분노를 삶을 풍요롭게 하는 메시지로 변형시키는 단계

1. 화가 날 때, 몸의 감각을 알아차립니다.
2. 하고 있는 것을 멈추고, 내면을 보살피는 시간을 가집니다. (p.238에 있는 내면 보살피는 시간 가지기를 보세요)
3. 다른 사람은 여러분 느낌에 책임이 없고 여러분 분노의 원인이 아님을 인식합니다.

4. 상대방이 무언가를 '해야만 한다'는 생각을 포함해서, 분노를 일으키는 생각을 알아차립니다. 이런 생각들이 분노의 원인입니다.

5. 아래 빈칸에 여러분이 알아차리는 이런 생각들을 적어보세요.

    "나는 그 사람이 _____ 해야 한다고 생각하기 때문에 화가 난다."

    그리고/또는

    "나는 누군가가 나한테 무언가를 하고 있다고 나 자신에게 말하고 있기 때문에 화가 난다."(공격하고 있다고, 배신하고 있다고, 조종하고 있다고 등. 아래 목록을 보세요.)

    _____

5. 분노 밑에 있는 욕구를 알아차립니다.

    "이 상황에서, _____ 에 대한 내 욕구가 충족되지 않는다."

6. 충족되지 못한 당신 욕구와 연결할 때, 어떤 느낌인가요?

    "나는 _____ 느낀다."

7. 잠시 그 느낌과 욕구를 의식하면서 호흡합니다. 그런 다음 그 욕구를 충족하기 위해 자기 자신이나 다른 누군가에게 무언가 부탁할 것이 있는지 보세요.

분노를 일으키는 생각들

거부당하다	존재감이 없다	버림받다
겁박당하다	모욕당하다	비난받다
경멸당하다	무시당하다	비판받다

공격받다	무용지물이 되다	비하되다
궁지에 몰리다	바가지를 쓰다	속다
기대를 저버리다	배신당하다	아랫사람 취급 받다
압도당하다	이용당하다	차이다
압박받다	제외되다	하찮게 여겨지다
오해받다	조종당하다	홀대받다
위협당하다	아무도 들어주지 않는다	

    분노를 일으키는 생각들은 자주 느낌인 척합니다. 사람들은 "난 조종당하는 느낌이야."라거나 "난 모욕당한 느낌이야."라는 말을 합니다. 그러나 '조종당하다'와 '모욕당하다'는 느낌이 아닙니다. 이런 말은 다른 사람이 당신에게 하고 있다고 당신이 믿는 것에 대한 생각입니다. 그 밑에 있는 느낌과 욕구에 도달하려면 생각을 생각이라고 아는 것이 중요합니다.

    "난 네가 날 조종하고 있다고 생각해. 그런 생각을 하면 화가 나!"

    "난 또 슬프고 겁이 나기도 해. 네가 나한테 마음을 쓰고 있다고 믿고 싶거든."

주제 — 삶을 풍요롭게 하는 연습

■ **분노 온도계**

목표: 분노로 작업하는 법 배우기(먼저 그것이 몸에서 어떻게 느껴지는지 그리고 그 강도가 어느 정도인지 알아차린다.)

활동 유형: 가족 토론, 개별 훈련

자료: 분노 온도계 도형 사본(다음 페이지를 보세요.), 색연필

방법

화가 났던 때를 생각해보세요. 여러분의 분노는 얼마나 '뜨거웠'나요? 가지고 있는 분노 온도계에 그때 분노의 강도 또는 그 상황에서 경험한 열기의 정도를 표시해보세요. 몸 어디에서 그 열기를 경험했는지 그리고 무엇을 알아차렸는지에 관해 토론하세요. 또 다른 때 화가 났던 일을 떠올리며 그때 경험한 열기의 정도를 표시해보세요. 분노의 징후와 단계 그리고 그것을 알아차렸을 때 여러분이 무엇을 할 수 있는지에 관해 토론하는 데 이 활동을 사용하세요.

열기의 정도를 표시하기 위해 색연필을 사용할 수 있습니다. 예를 들면 낮음(노랑), 중간(오렌지), 높음(빨강)처럼.

분노 온도계

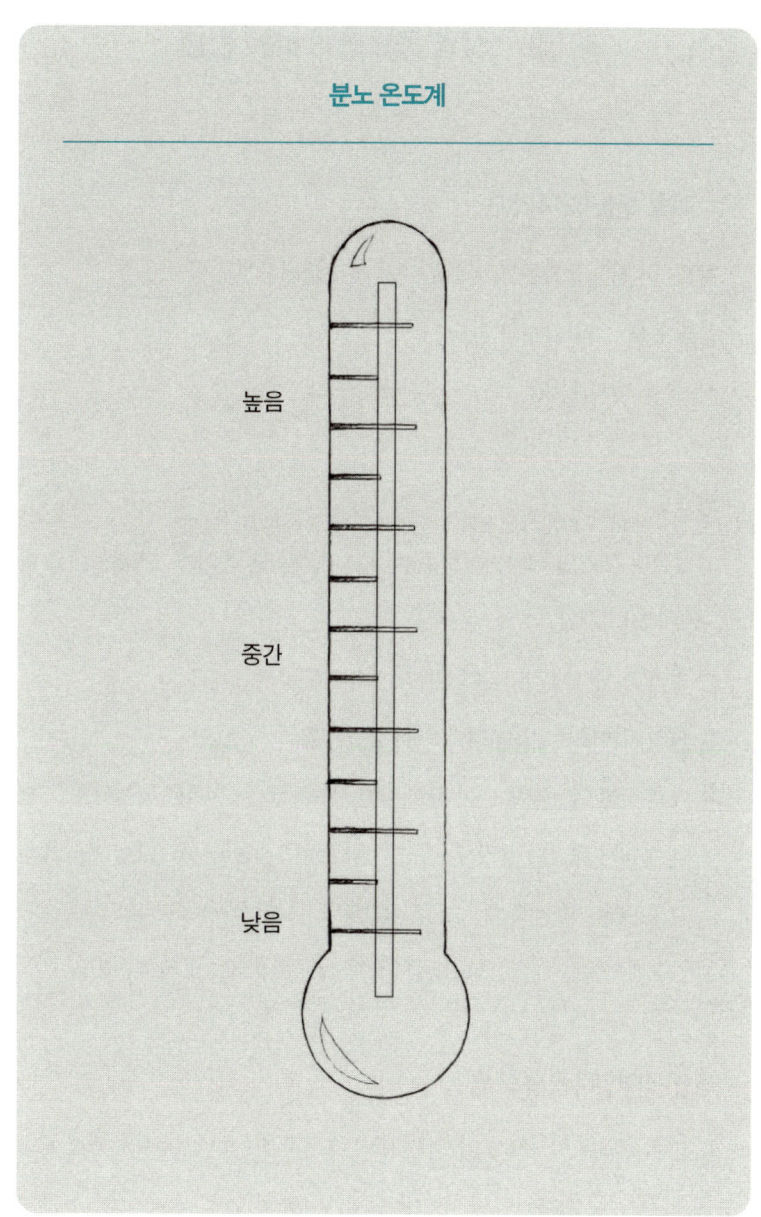

주제 — 삶을 풍요롭게 하는 연습

■ **매일 보는 리마인더**

목표: 이 책에 소개된 개념들을 마음속에 생생하게 간직하기

활동 유형: 리마인더와 복습

자료: 이 책과 가위

방법

1. p.262~263의 리마인더들을 여러 가지 색상의 종이에 125퍼센트로 확대 복사하세요.
2. 종이 띠 하나에 리마인더 하나씩 들어가도록 자르세요.
3. 종이 띠들을 반으로 접어 그릇에 담으세요.
4. 매일 아침 그릇에서 종이 띠 하나씩 고르세요. 거기 적힌 메시지를 이 책에 소개된 개념을 상기시켜주는 리마인더로 사용하세요. 만약 복습을 하고 싶다면, 이 책에 소개된 열쇠로 돌아가시면 됩니다. (각각의 리마인더에는 열쇠 번호가 적혀 있으며, 그것을 펼쳐보면 더 많은 정보를 찾을 수 있습니다.)

변형: 리마인더 카드 한 벌

p.262~263을 복사해서 5×7센티미터 크기의 카드에 한 조각씩 풀로 붙여 플래시카드를 만듭니다. (플래시카드: 순간적으로 보여주는, 단어나 숫자 등이 적

힌 학습 보조용 카드-옮긴이)

- 매일 카드 한 장씩을 골라서 조용히 앉아 그것에 대해 생각합니다.
- 카드를 두 종류로 나눕니다. 당신이 잘 이해하며 사용하고 있는 개념과 더 분명하게 알고 싶거나 더 많이 사용하고 싶은 개념으로.

변형: 냉장고 리마인더

p.262~263을 복사해서 냉장고 문에 붙여두고, 이 책에 나오는 개념들에 관해 곧바로 확인할 수 있는 참고 목록으로 사용합니다.

매일 보는 리마인더

내가 부모 노릇을 하는 목적을 선택하자.(열쇠 1)	아이들은(그리고 모든 사람은) 자기 말이 들리고 이해받기를 바란다.(열쇠 2)
내 목적과 일치하는 생각을 하기로 선택하자.(열쇠 1)	아이는 성장하기 위해 정서적 안전을 필요로 한다.(열쇠 3)
내 목적과 일치하는 행동을 하기로 선택하자.(열쇠 1)	내 행동과 반응은 내 아이의 정서적 안전에 영향을 준다.(열쇠 3)
아이 선택을 북돋아주기로 선택하자.(열쇠 1)	아이 관점에서 보자.(열쇠 3)
내 목적과 일치하도록 말하고 듣기로 선택하자.(열쇠 1)	연결하려고 하자—처음에도, 마지막에도, 그리고 언제나.(열쇠 3)
모든 행동은 어떤 욕구를 충족하고자 하는 시도다.(열쇠 2)	안전, 신뢰, 소속감을 유지하기 위해, 가족 간의 연결을 튼튼히 하자.(열쇠 3)
나와 내 아이, 그리고 모든 사람은 욕구를 충족하기 위해 늘 최선을 다하고 있다.(열쇠 2)	주는 것은 인간의 근본 욕구다.(열쇠 4)
나의 욕구를 충족할 책임은 나 자신에게 있다.(열쇠 2)	나와 내 아이는 서로에게 줄 선물이 많이 있다.(열쇠 4)
느낌은 충족되었거나 충족되지 않은 욕구를 알려주는 메신저다.(열쇠 2)	아이가 주는 선물을 받자.(열쇠 4)

매일 보는 리마인더

내 선물을 거저 주자.(열쇠 4)	나와 내 아이는 의사 결정과 문제 해결을 위해 협력할 수 있다.(열쇠 6)
아이가 주는 생기라는 선물에서 배우자.(열쇠 4)	일을 하는 데에는 많은 방법이 있다.(열쇠 6)
부모 노릇을 하는 내 목적과 의도를 기억하자.(열쇠 5)	잘되고 있는 것을 축하할 수 있다.(열쇠 6)
대화의 흐름을 눈여겨보자.(열쇠 5)	잘되지 않는 것에서 배울 수 있다.(열쇠 6)
평가를 섞지 말고 관찰하자.(열쇠 5)	갈등을 해결해야 할 문제로 보기로 선택하자.(열쇠 7)
느낌과 욕구에 연결하자.(열쇠 5)	내 욕구는 충족될 수 있다는 걸 믿자.(열쇠 7)
실행할 수 있는 부탁을 하자.(열쇠 5)	욕구를 알면 해결 방법이 떠오르리라는 것을 믿자.(열쇠 7)
공감으로 듣자.(열쇠 5)	나는 갈등 해결을 위해 협력하거나 협력하지 않기로 선택할 수 있다.(열쇠 7)
무슨 일이 생기든, 나는 대처할 수 있다!(열쇠 6)	길을 잃었을 때, 내가 가진 도구를 사용하여 노폴트 존으로 돌아갈 길을 찾자.(열쇠 7)

주제 — 평화로운 갈등 해결

■ 평화로운 갈등 해결이란?

이 섹션에서 소개하는 첫 번째 활동인 '잠깐 멈춰!'와 '두 가지 공연'은 갈등을 이해하도록 도와줄 것이고, 두 번째 활동인 '내 갈등 해결하기'와 '기린 중재'는 갈등을 적극적으로 해결하도록 도와줍니다.

'시간'과 '장소'에 주의를 기울이는 것이 갈등 해결에 도움이 됩니다.

갈등을 해결하는 데 10분 정도 걸릴 때도 있고 몇 시간씩 걸릴 때도 있으므로, 이 사실을 먼저 논의하는 것이 도움이 됩니다. 모든 사람이 만족할 만한 해결 방법에 이르는 데 필요한 시간을 가지는 것이 여러분에게는 매우 소중하다고 자녀에게 전해주세요. 그렇게 하려면 두 번 이상의 세션이 필요할 수 있습니다. 각 세션의 길이, 즉 모두가 편안하게 참여할 수 있는 시간에 관해 자녀와 합의 사항을 만드세요.

이런 중재 과정을 존중하기 위해, 어떤 가족은 가족 구성원이 대화할 마음이 있을 때 만날 갈등 해결 공간을 집에 마련합니다. 거실 한구석이나 카드 게임 테이블을 활용할 수 있습니다. 이 장소에 '중재자 코너'나 '존중의 장소', 또는 '루미의 들판'이라는 이름을 붙일 수 있겠지요. 모두가 기꺼이 '그곳'에서 만날 마음이 있으면, 평화로운 해결로 가는 길을 이미 반 이상은 간 셈입니다.

주제 — 평화로운 갈등 해결

■ **잠깐 멈춰!**

목표: 갈등 이해하기, 욕구와 그것을 충족할 수단 방법 인지하기

활동 유형: 말하기 듣기

자료: TV 프로그램이나 비디오

방법

우리는 모든 사람의 이야기 속에서 갈등을 찾아낼 수 있고, 갈등 상황에서 사람들이 충족하고 싶어 하는 욕구를 찾아낼 수 있습니다. 텔레비전 프로그램이나 비디오를 함께 보면서, 등장인물들이 갈등을 경험하고 있을 때 정지 버튼을 누르세요. 멈추고 있는 동안에 각 등장인물의 욕구에 대해 토론하세요. 그런 다음 모두의 욕구를 충족할 수 있는 수단 방법에 대해 브레인스토밍 하세요. 그리고 나서 나머지 쇼를 보면서 등장인물들이 갈등을 어떻게 해결하는지 볼 수 있습니다. 여러분이 어떤 해결 방법을 가장 좋아하는지 보세요.

주제 — 평화로운 갈등 해결

■ **두 가지 공연**

목표: 갈등 이해하기, 욕구와 수단 방법 구별하기

활동 유형: 연기, 역할극

자료: 필요 없음(선택: 의상 아이템과 소품이 있으면 더 재미있게 할 수 있습니다.)

방법

장면 1

갈등에 관한 짧은 토막극을 하나 연기합니다. 내용은 자녀가 학교나 놀이터에서 관찰한 상황 또는 자녀가 관련된 어떤 것일 수 있습니다. 아니면 여러분이 일터에서 경험하거나 목격한 것일 수도 있습니다. 아니면 창작할 수도 있습니다.

함께 토론하세요. '각자가 충족하려는 욕구는 무엇인가?' '그들은 무엇을 했는가?' '나는 갈등을 해결하는 데 더 효과적인 방법을 생각할 수 있는가?'

장면 2

등장인물 각자가 어떻게 충족하고 싶은 욕구로 초점을 전환할 수 있을지 연기해보고, 갈등을 해결할 수 있는 방법을 찾아보세요.

주제 — 평화로운 갈등 해결

▪ 내 갈등 해결하기

목표: 중재자 없이 갈등 해결하기

활동 유형: 말하기 듣기

자료: 느낌 카드와 욕구 카드, 한 사람당 한 벌씩('주제: 기린과 자칼 놀이' 중 '느낌 카드와 욕구 카드'를 보세요.)

사전 준비

- 이 활동에는 (1) 평가를 섞지 않고 명확하게 관찰하고, (2) 자기 느낌과 욕구를 확인할 수 있는 능력이 필요합니다. 이런 기술을 개발하기 위해 이 책에 있는 다른 활동들을 보세요.

- 이 활동은 한 사람 한 사람이 상황에 대해 이야기할 수 있고 또 기꺼이 그럴 마음을 가질 것을 요구합니다. 만약 누군가가 해소되지 않고 남아 있는 감정을 가지고 있다면, 상대편의 행위에 대해 자동 반응하는 반작용을 줄이고 서로를 이해하는 것에 다시 관심을 회복하기 위해 (주제: '삶을 풍요롭게 하는 연습'에 있는) '스트레스 해소' 같은 활동을 해보세요.

- 자신의 갈등을 해결하는 데 이 활동을 사용하는 법을 배우려면, 먼저 책이나 비디오에서 본 어떤 갈등 장면에 등장하는 인물들의 역할을 연기해보는 것으로 연습을 해보세요.

방법

관련된 사람들이 모두 앉을 만큼 큰 지정된 테이블이나 바닥 공간에서 모두가 만나, 자기가 가지고 있는 카드들을 내려놓습니다. 참가자들은 각자 자기의 느낌 카드와 욕구 카드를 한 벌씩 가지고 있습니다.

단계 1: 상황을 묘사한다.

한 사람씩 돌아가며 각자가 경험한 어떤 상황을 묘사하는 한 가지 명확한 관찰을 하는데, 모든 사람에게 명확한 관찰로 들릴 때까지 합니다.

단계 2: 느낌과 욕구를 표현하고 듣는다.

한 사람씩 돌아가며 그 상황에서 충족되지 않은 자기 욕구를 나타내는 욕구 카드를 한 장씩 내놓는데, 욕구가 충족되지 않았을 때 드는 느낌을 표현하는 느낌 카드도 한두 장 함께 내놓습니다.

또, 그 욕구와 느낌을 소리 내어 표현합니다. 예) "네가 욕실을 사용하는 동안 나는 밖에서 너무 오랫동안 기다리고 있어서 화가 났어. 나는 중요하게 여겨지는 게 필요하기 때문이야."

한 사람이 표현하고 있는 동안 다른 사람(들)은 들으면서, 그 사람이 자기가 표현하고 있는 느낌을 들을 수 있도록 느낌과 욕구를 반영하기로 선택할 수 있습니다.

모든 사람이 만족할 만큼 들리게 했는데 해결되지 않은 상황이 여전히 남아 있다면, 표현된 모든 욕구를 충족하기 위한 방법을 브레인스토밍 할 수 있습니다. 또는 앞으로 비슷한 상황이 생겼을 때 다르게 다룰 방법을 논의할 수도 있습니다.

주제 — 평화로운 갈등 해결

■ 기린 중재

목표: 가족 갈등 중재하기

활동 유형: 말하기 듣기

자료: 기린 인형 또는 대용물, 기린 귀 한 쌍

사전 준비

중재자는 나이와 상관없이 맡을 수 있습니다. 그 사람은 (1) 평가를 섞지 않고 명확하게 관찰하는 기술, (2) 느낌과 욕구를 분명히 알고 확인하는 기술을 상당히 익히고 있을 필요가 있습니다. 기린 중재 기술은 가상의 상황, 즉 책에서 읽었거나 TV에서 본 상황을 설정해서 다른 사람에게 역할 연기를 해보자고 요청하여 연습할 수 있는데, 다음과 같은 중재 단계를 거칩니다.

방법

1. 중재자가 한 사람에게는 기린 인형(또는 대용물)을, 다른 사람에게는 기린 귀를 줍니다.
2. 중재자가 기린 말을 하는 사람을 보며, "사실 또는 관찰은?"이라고 말합니다.

3. 기린 말을 하는 사람이 그 상황에서 일어난 사실을 진술합니다. 만약 그 사람이 일어난 일에 대해 사실이 아닌 것을 말하기 시작하면 그 말을 번역해주거나, 말하는 사람을 멈추게 합니다.
4. 중재자가 기린 말을 하는 사람에게 '느낌'을 말해달라고 하면, 기린 말을 하는 사람은 일어난 일로 자극받은 느낌을 표현합니다.
5. 중재자가 기린 말을 하는 사람에게 '욕구'를 말해달라고 하면, 기린 말을 하는 사람은 자기에게 그런 느낌을 일으킨 충족되지 않은 욕구를 표현합니다.
6. 중재자가 기린 귀를 쓰고 있는 사람에게 "무엇을 들으셨나요?"라고 말합니다. 그러면 그 사람은 기린 귀를 쓰고 대답합니다.
7. 중재자가 기린 말을 하는 사람에게 묻습니다. "당신이 말하려던 게 저것인가요?" 기린 말을 하는 사람은 "예." 또는 "아니요."라고 대답합니다. 기린 말을 하는 사람이 "아니요."라고 대답하면, 중재자는 말하는 사람에게 사실을 다시 말해달라고 요청합니다. 중재자는 기린 귀를 쓰고 있는 사람이 무엇을 들었는지 확인합니다. 말하는 사람이 만족할 만큼 상대편이 들을 수 있을 때까지 이 프로세스를 되풀이합니다.
8. 그런 다음, 중재자는 기린 귀를 쓰고 있는 사람에게 이렇게 묻습니다. "느낌과 욕구가 무엇이라고 들으셨나요?" 그러면 기린 귀를 쓰고 있는 사람이 대답합니다.
9. 중재자가 기린 말을 하는 사람에게 묻습니다. "당신이 말한 것을 저분이 잘 이해했나요?" 그러면 기린 말을 하는 사람이 대답합니다. 기린 말을

하는 사람이 "아니요."라고 하면, 중재자는 말하는 사람에게 다시 한 번 느낌과 욕구를 말해달라고 요청합니다. 중재자는 기린 귀를 쓰고 있는 사람이 무엇을 들었는지 확인합니다. 말하는 사람이 만족할 만큼 상대방이 들을 수 있을 때까지 이 프로세스를 되풀이합니다.

10. 두 참가자가 역할과 소품을 교환하고 2번부터 9번까지 단계를 되풀이합니다.
11. 그런 다음, 중재자는 두 사람 중 누가 양쪽 욕구를 모두 충족할 해결 방법을 생각할 수 있는지 묻습니다.
12. 해결 방법이 합의되면, 중재자는 그들을 축하해줍니다.
13. 만일 주어진 시간 안에 서로가 동의할 수 있는 해결 방법에 도달하지 못하면, 중재자는 다른 일정을 잡아 곧 프로세스를 계속할 수 있도록 합니다.

나날의 삶에서 중재할 기회가 많이 있을 테니, 인형과 귀를 쉽게 이용할 수 있게 해둡니다.

주제 — 기린과 자칼 놀이

▪ 기린 귀와 자칼 귀

목표: 메시지를 듣는 방법에 대한 선택 폭 늘리기, 자칼 메시지를 기린 말로 번역하는 법 배우기

활동 유형: 말하기 듣기, 역할극

자료: 기린 귀와 자칼 귀 한 쌍, 또는 모든 사람에게 각 한 쌍씩(아니면 손을 우묵하게 하는 것으로 귀를 대신할 수도 있습니다.)

사전 준비

기린 및 자칼 손인형을 준비합니다. (선택: www.krnvc.org에서 만들어진 제품을 구입할 수 있습니다.)

진행자는 메시지를 듣는 네 가지 방식을 복습하고 이해합니다.

- 기린 귀 밖 또는 손을 앞을 향하게 하여 심장 앞에 두기:
  다른 사람의 느낌과 욕구를 듣는다. 공감.
- 기린 귀 안 또는 손을 가슴 부위를 향하게 하여 심장 앞에 두기:
  자기 느낌과 욕구를 듣는다. 자기 공감.
- 자칼 귀 밖 또는 손바닥을 앞을 향하게 하여 머리 위에 두기:

비판과 비난을 듣는다. 다른 사람을 비판하고 비난한다.
- 자칼 귀 안 또는 손바닥을 뒤쪽을 향하게 하여 머리 위에 두기: 자기 자신을 비판하고 비난한다.

방법

1. 진행자가 메시지를 듣는 네 가지 방식을 간략하게 설명합니다. 그런 다음 진행자는 "누군가가 여러분에게 말한 '듣기 힘든 말'이 무엇인가요?"라는 질문을 하고, 한 메시지에 네 가지 방식으로 각각 응답함으로써 네 가지 방식을 보여줍니다. 이때 귀가 '자칼 귀 밖, 자칼 귀 안, 기린 귀 밖, 기린 귀 안'을 나타내도록 돌려가며 씁니다.

    예:

    듣기 힘든 메시지: "너, 정말 못됐어."

    자칼 귀 밖: "네가 못된 놈이야."

    자칼 귀 안: "내가 나쁜 사람이야."

    기린 귀 밖: "네 욕구가 중요하게 여겨지기를 바라기 때문에 기분 상했니?"

    기린 귀 안: "난 마음이 아프고 슬퍼. 이해가 필요해."

2. 진행자가 한 사람에게는 자칼 귀를 주고 다른 사람에게는 기린 귀를 줍니다. 그때 다른 사람들은 돌아가며 듣기 힘든 말을 한 번씩 합니다. 자칼 귀를 쓰고 있는 사람은 자칼 귀 밖, 자칼 귀 안 순서로 반응합니다. 그런 다음, 기린 귀를 쓰고 있는 사람이 기린 귀 밖, 기린 귀 안 순서로 반응합니다.

3. 두 사람이 각각 한 번씩 한 다음, 자칼 귀와 기린 귀를 다른 사람에게 넘깁니다.

변형

- 모두가 다 기린 귀를 쓰고 저마다 듣기 힘든 말 두세 가지를 종이 하나에 하나씩 적습니다. 종이를 모두 접어서 모자나 바구니 같은 것에 담습니다. 둥글게 모여 앉은 다음, 돌아가면서 다른 사람들이 공감(기린 귀 밖)이나 자기 공감(기린 귀 안) 중 하나로 반응하게 합니다.
- 가족 모임에서 모두가 기린 귀를 쓰는 것은, 그들의 선택을 지원하고 삶을 풍요롭게 하는 방식으로 생각하고 응답하는 능력을 키울 수 있도록 돕기 위해서입니다.

주제 — 기린과 자칼 놀이

■ 느낌 카드와 욕구 카드

목표: 느낌 및 욕구와 친해지기, 배움을 돕고 공감과 자기 공감을 연습하며 갈등을 해결하기 위한 실제 훈련과 시각 자료 제공

활동 유형: 한 사람 또는 두 사람 또는 그룹으로 하는 실제 훈련, 말하기 듣기

자료: 느낌 카드와 욕구 카드 한 벌

'느낌 카드와 욕구 카드 한 벌' 소개

여기서는 우리가 가장 좋아하는 카드놀이 방법을 설명하겠습니다. 우리는 또, 카드놀이를 할 수 있는 더 많은 방법을 여러분이 생각해내는 모습을 상상합니다. 그 방법이 무엇일지, 우리는 정말 듣고 싶습니다.

여기에서 소개하는 활동 대부분은 한 가족 당 느낌 카드와 욕구 카드 한 벌씩만 있으면 됩니다. 그런데 어떤 활동을 할 때에는 한 사람당 한 벌씩 있어야 합니다.

활동: 내 욕구는 뭐지?

욕구 카드를 앞에 펼쳐놓고 아래 질문들에 답하면서 관련된 욕구

를 말하며 카드를 뽑아 드세요.

- 최근에 자신이 한 일을 생각하고 스스로에게 물어보세요. "나는 어떤 욕구를 충족하려고 했었나?"
- 여러분이 충족하고 있었던 다른 욕구를 생각해낼 수 있나요?
- 여러분이 했던 다른 말이나 행동을 떠올리고 그때 어떤 욕구를 충족하려고 했었는지 확인하세요.
- 여러분이 했던 말이나 행동 가운데 욕구를 충족하려는 시도가 아니었던 것을 하나라도 생각해낼 수 있나요?

활동: 자기 공감

내 느낌과 욕구를 분명히 알고 그것에 연결하고 싶을 때, 느낌 카드와 욕구 카드를 앞에 펼쳐놓으세요. "지금 나는 어떤 느낌이지?"라고 물은 뒤, 나에게 말을 건네는 느낌 카드들을 집어서 앞에 놓습니다. 그런 다음, "난 무엇이 필요하지?"라고 묻고 나에게 이야기를 건네는 욕구 카드들을 집어서 앞에 놓습니다.

'내면을 보살피는 시간'이 필요할 때, 이 활동이 여러분에게 도움이 될 수 있습니다. ('주제: 삶을 풍요롭게 하는 연습'에 있는 내면 보살피는 시간 가지기를 보세요.)

활동: 카드 공감

자녀, 배우자 또는 친구들과 연결하기 위해, 함께 앉아서 카드를 펼쳐놓습니다. 삶 속에서 일어난, 공감받고 싶거나 이해하고 싶은 상황을 하나씩 돌아가며 말합니다. 그 상황과 관련하여 자신의 느낌과 욕구를 표현하는 느낌 카드와 욕구 카드를 집어서 자기 앞에 놓습니다. 이때 상대방에게 내 느낌과 욕구를 반영해달라고 부탁할 수도 있고, 내 욕구를 충족하기 위해 그 사람에게(또는 나 자신에게) 또 다른 부탁을 할 수도 있습니다.

느낌 카드와 욕구 카드를 사용하여 할 수 있는 다른 활동들

이 책에 수록된 활동 중 '가족 공감 체크인'(주제: 가족 모임)과 '내 갈등 해결하기'(주제: 평화로운 갈등 해결)를 보세요.

2장

노폴트 존에서 온 이야기들

여기 실린 각 이야기와 대화에서, 부모들은 자신에게는 자신감과 기술을 쌓도록 돕고 아이에 대한 사랑으로 살아갈 수 있다는 희망을 주는 일상의 작은 성공을 축하합니다. 이 이야기들은 친구, 워크숍 참가자, 그리고 의뢰인들에게 들은 실제 이야기입니다. 우리는 이 이야기들이 여러분에게 영감을 주고 자신의 기대치를 조정하도록 돕기를 바랍니다. 또, 여러분 가정을 '노폴트 존'으로 만들어가는 길 위의 작은 걸음들을 축하하는 데 도움이 되기를 바랍니다.

> 실제 변화는 측정할 수 없을 만큼 작은 단계에서, 그리고 눈에 띄지 않는 곳에서 일어난다.
> ▸스탠 호드슨 Stan Hodson

대화가 등장하는 곳에서, 자기 공감 진술은 괄호 안에 고딕체로 표기했습니다.

자기 공감으로 구원받다

우리 친구 셰리는 잠깐 자기 자신을 먼저 공감함으로써 아이에게 생산적이고 연민 어린 대응을 하겠다고 빨리 선택할 수 있었던 것을 축하했습니다.

셰리는 거실에 들어서면서 무방비 상태로 허를 찔렸습니다. 달리기를 하고 난 후라 아직도 숨을 헐떡이며 땀을 흘리고 있던 참이었지요. 숨을 고르면서 여섯 살 난 사이먼이 무얼 하고 있나 보려고 갔습니다. 바로 그때, 여덟 살 난 아들 대린이 화가 잔뜩 나서 떨리는 목소리로 말하는 것이었습니다. "엄마 냄새 나! 그리고 엄만 왜 언제나 사이먼만 도와주고 내가 하는 일에는 신경도 안 쓰는 거예요?"

셰리는 온몸의 피가 머리로 솟구치는 걸 느꼈고, 곧이어 자기가 고함치는 소리를 들었습니다.

아이를 비난하거나("네가 감히 어떻게……") 자기 자신을 비난하거나('아이한테 그렇게 소리 지르다니 난 정말 끔찍한 엄마야!') 둘 중 하나를 시작하기 전에, 셰리는 선택의 갈림길에 섰습니다. 분노의 소용돌이 속으로 빨려 들어가든가 아니면 멈추고 호흡하며 자기 자신을 체크하든가. 이 선택 지점을 깨닫자, 재빨리 호흡을 하며 체크인을 했습니다.

[와. 대린이 저렇게 말했을 때 난 정말 화가 났어. 이해가 필요했기 때문이지. 저 애한테 소리 질렀을 때 난 너무 슬펐어. 난 우리가 서로 존중하고 이해하

기를 바라기 때문이야.]

셰리의 대응이 '난 ……해선 안 되는 거였어, 난 ……해야 해, 난 나쁜 엄마야.' 같은, 자기를 비난하는 생각에서 계속 맴돌 수 있는 자기 판단과 어떻게 다른지 눈여겨보세요. 또한 이렇게 자기 공감을 하는 데 시간이 별로 걸리지 않았다는 점도 눈여겨보세요. 그것은 셰리가 몇 달 동안 소통 기술을 배우고 있었기 때문입니다. 자기 공감은 아들에게 무슨 일이 일어나고 있는지 궁금해 할 만큼 그이에게 명료함과 안도감을 주었습니다.

[저 애가 저렇게 화를 내는 걸 보니 무슨 일이 있는가본데, 그게 뭔지 알고 싶다.]

그러자 셰리는 아들을 공감할 수 있었고, 그 순간 아이가 무엇을 느꼈고 무엇이 필요했을지 보기 위해 체크인을 했습니다.

"그래, 대린, 너 굉장히 화난 것 같구나. 무슨 일이 있었는지 이해받고 싶니?"

대린의 분노는 눈물로 녹아내렸고, 자기가 화난 진짜 이유인 학교에서 있었던 일에 대해 어머니에게 말할 수 있었습니다.

애정 어린 수용의 힘

이 어머니가 딸에 대한 판단에서 수용으로 전환하기로 한 중요한 선택은 서로 연결하고 소통하는 새로운 기회로 들어가는 문을 열어주었습니다.

나는 열네 살 난 딸과의 관계가 이렇게 힘들 줄은 꿈에도 몰랐다는 것을 어느 시점엔가 깨달았다. 지난 한 해 동안, 우리 사이에서 화를 내고 자동 반응하며 충돌하는 일이 꾸준히 늘어가고 있다는 것을 알아차렸다. 나는, 무례하다, 이기적이다, 게으르다, 심지어는 잔인하다고 판단하는 내 행동을 보았다. 내가 도움을 요청할 때 딸아이가 보인 반응은 부정적이었고, 그래서 내가 끝까지 요구하기 시작하면 아이 반응은 이런 식이었다. "멍청이!"

나는 아이를 피하며 심지어 아이 손길에 움찔하기까지 하는 나 자신을 발견했다. 내 딸이 나를 만지는 것조차 싫어한다는 걸 깨닫고는 충격을 받았고 정신이 번쩍 들었다. 내가 아이를 사랑하지 않을지도 모른다는 소름 끼치는 생각이 마음을 스치고 지나갔다. 그건 너무 고통스러워서 생각할 수도 없는 일이었다. 그러나 무언가 변해야 한다는 것을 알았고, 변해야 하는 것은 아이가 아닐 거라는 것도 알았다.

내가 아이를 얼마나 사랑하는지 깨달았고, 내가 가장 하고 싶은 일은 그것을 아이에게 전할 방법을 찾는 것이었다. 나는 아이가 행동할 때 내 몸이 반응하는 것을 눈여겨보기 시작했다. 위가 얼마나 조이는지, 목이 얼마나 갑갑한지, 호흡이 얼마나 얕아지는지를. 아이가 얼마나 '무례한가'라고 미처 생각하기도 전에 이런 모든 현상이 일어났다.

나는 의식적으로 몸을 이완하고 수축된 근육이 부드러워지게 하고 딱딱하게 굳은 내면의 모든 장소에 여유를 주기로 마음먹었다. 이런 전환을 점점 더 쉽게 할 수 있게 되자, 아이 행동에 대해 일어나던 자동 반응들이 내게서 떨어져 나갔고, 나는 열려 있는 느낌, 고마운 느낌, 사랑하는 느낌에 머무를 수 있었다. 나는 존중, 지원, 협력이라는 내 욕구를 딸이 충족시켜주기를 바라고 있었다는 것, 그리고 아이가 내게서 정말로 필요로 하는 것은 애정 어린 수용이라는 것을 알았다. 내 딸에 대한 기대가 사실은 강요라는 것을 알았다. 딸은 수용되는 경험을 더 많이 하기 시작하면서 더 부드러워지기 시작했다. 아이는 여전히 자유롭게 자신을 표현하지만, 더 친절하고 더 배려하는 방식으로 한다.

나는 지금 딸이 내 방에 들어올 때, 아이 기분이 별로 좋지 않을 때에도, 내가 먼저 손을 뻗어 아이를 안아주고 싶은 마음이 드는 것이 정말 감사하다.

공감으로 연결하고 의도를 세우자

이 엄마는 우리에게, 자기는 '호통쟁이'는 아니었지만, "그만해, 부끄러운 줄 알아, 네 잘못이야."라는 말을 아이들에게 사용할 때에는 때때로 목소리가 높아졌다고 설명했습니다. 그런 경험을 하면 자신도 아이들도 늘 마음이 상하곤 했습니다. 이제는 비난하거나 화내지 않고 솔직하게 표현하는 방법을 배우게 되어 흡족한 마음입니다.

나는 NVC를 알게 된 것에 매우 감사한다. 물론, 우리 아들들이 태어나기 전에, 내가 결혼하기 전에, 아니면 내가 부모님과 함께 살던 십 대 때 배웠더라면 얼마나 좋았을까. 내가 아들들과 대화하는 이 새로운 방식을 처음 발견했을 때 나는 내가 그들을 통제할 수 있다는 생각이 환상이라는 것을 힘들게 배우고 있었다. 그 애들이 내가 달가워하지 않을 실험과 선택을 하리라는 것이 내게는 고통스러울 만큼 명백했다. 나는 아들들과 내 관계가 지금 있는 그대로의 그들과 연결할 수 있는 내 능력에 달려 있다는 것을 깨달았다. 나는 우리 의견이 맞지 않을 때나 서로에게 몹시 화가 날 때조차도 우리는 다시 연결할 수 있고, 그 상황에서 배우며 함께 다음으로 나아갈 수 있다는 걸 믿는 것을 배웠다. 우리 사이의 연결은 매우 강해졌고, 내가 가장 소중히 여기는 것이 바로 그것이다. NVC는 그런 연결을 만들어내고 깊어지게 하는 구체적인 기술을 내게 주었다.

다음은 내가 NVC 첫 강의를 듣고 집으로 돌아온 날 밤, 열한 살과 열다섯 살 난 두 아들과 함께 나눈 이야기이다.

아들: 아이고 참, 지금 뭘 배우고 오셨어요, 엄마? 이상하게 말하고 있잖아요.

나는 "더 나은 부모가 되려고 노력 중이야. 너희가 좀 더 도와줄 수 있니?"라고 말하려다 입을 다물었다. 나는 아들이 한 말을 비판으로 받아들이기보다는 아이들에게 초점을 맞추기로 선택했다.

엄마: 너희들, 내가 뭘 하고 있는지 알고 싶고 궁금하니?

두 아이 모두 매우 흥미로워하는 것 같았다. 그래서 내친 김에 말을 이어갔다.

엄마: 엄마가 평소에 화를 많이 냈잖아? 이제는 그러지 않고도 말할 수 있도록 도와주는 훌륭한 소통 방식을 배우고 있어.

아이들은 한층 더 흥미를 보였다.

아들: 엄마가 더 이상 고함지르지 않을 거란 말인가요?

엄마: 맞아. 내가 너무 좌절하지 않도록 내가 원하는 것을 말하는 방법을 배우고 있어. 고함지르지 않겠다고 약속할 수는 없지만, 혼란스럽고 좌절감을 느끼는 시간이 그리 오래가진 않을 거라고 생각해. 그리고 그렇게 버럭 소리 지르진 않을 거야.

아이들의 시선이 나에게 고정되었다.

엄마: 내 생각엔 너희도 그 아이디어에 꽤 흥분하고 있는 것 같구나. 존중하면서 말해주면 좋겠지?

둘 다 머리를 힘차게 끄덕였다.

엄마: 그러려면 너희 도움이 정말 필요해. 내가 너희에게 말하는 방식이 마음에 들지 않을 때 나한테 말해주면 좋겠어.

아이들은 얼굴을 마주 보았다.

아들들(한목소리로): 정말요?

엄마: 나도 고함치는 거 좋아하지 않거든. 아마도 너희가 고함 소리 듣는 걸 좋아하지 않는 만큼.

제대로 잘했다. 잘 풀리고 있다. 우린 이제 한 팀인 것 같았다. 내가 말한 대로 되면 얼마나 좋을까에 대해 이야기하면서 말이다.

엄마: 너희 둘은 이런 대화가 어땠어?

아이들은 머뭇거렸다. 조심스러워하고 있는 게 느껴졌다. 그러나 희망이 보였다.

아들: 정말 멋져요, 엄마. 어떻게 되는지 볼까요.

전환 vs. 타협

이 엄마는 아들의 욕구와 깊이 연결되었을 때 전환이 일어나 그 덕분에 마음이 놓이고 기운이 났습니다.

어느 날 밤 열 살 난 아들을 침대에 눕히고 있었다. 난 진이 다 빠졌다. 아들은 내가 자주 하던 것처럼 자기 곁에 있으면서 이야기할 수 있느냐고 물었다. 내 입에서 나온 첫 마디는 "안 돼!"였다. 난 정말로 지쳐서 휴식이 좀 필요하다고 아이에게 말했다. 놀랍게도 아들은 반대하지 않았다. 나는 잠자리에 들 준비를 하려고 내 방으로 갔다. 그러나 속으로는 내가 얼마나 이기적이냐고 말하고 있었고, 난 '좋은' 엄마가 아니라며 자신을 두들겨 패고 있었다. 나는 아이가 부탁했을 때 아이 곁에 있어야 했으며, 아이 욕구보다 내 욕구를 먼저 챙겨선 안 되는 거였다고 속으로 말하고 있었다. 난 오로지 마땅히 할 일, '해야만 하는 일', 옳음, 그름, 하지 않으면 안 되는 일이라는 관점에서만 생각하고 있었다. 무슨 일이 일어났는지는 모르겠지만, 갑자기 따뜻함, 친밀함, 나와 연결하기를 바라는 아들의 욕구에 대해 생각하는 것으로 내 주의가 전환되었고, 난 더는 피곤하지 않았다. 내가 하고 싶은 일은 아들 곁에 가서 앉는 것이 전부였다. 나는 아들 방으로 갔다. 아이는 나를 보고는 깜짝 놀라며 행복해했다. 나는 생기가 넘치는 걸 느끼며 놀랐고, 내 온 주의를, 보통 때는 이런저런 걱정에 정신이 팔려서 할 수 없었던 무언가를 아들에게 줄 수 있는 것에 놀랐다. 그날 밤 우리는 우리 역사상 가장 길고 가장 좋은 이야기를 나눴다고 생각한다.

양쪽을 다 보기

이 이야기는 연결을 만들어내는 정직의 힘을 생생하게 보여줍니다.

우리 아들 피터가 네 살이었을 때 어느 날 아침 나는 프라이팬에 팬케이크를 구우며 아침 준비를 하고 있었다. 아이가 다른 방에서 "엄마?" 하고 나를 불렀고, 나는 "왜!"라고 답했다. 아이는 부엌에 들어오는 것으로 내 목소리 톤에 반응했다. 아이는 크고 푸른 눈으로 나를 바라보며 이렇게 말했다. "엄마는 왜 그렇게 참을성이 없어요? 난 그냥 엄마한테 뭐 하나 물어보려고 한 건데." 그래서 나는 이렇게 말했다. "네가 날 불렀을 때, 난 네 질문에 대답하는 것보다는 아침이 더 중요하다고 생각했어. 뭐가 더 중요할까. 너에게 대답하는 걸까, 아니면 팬케이크가 타지 않게 만드는 걸까." 아이가 말했다. "음, 팬케이크가 잘되길 원해요."

해결 방법을 함께 찾아보기

부모가 자녀들과 함께 수단 방법을 찾을 때 놀랍고 창조적인 해결 방법이 자주 나옵니다.

우리 아들 더글러스는 네 살 반쯤 되었을 때 새벽 다섯 시에 일어나 놀며 먹는 것을 좋아했다. 아이는 나를 깨워서는 자기랑 같이 놀아주기를 바라고, 아침을 차려주기를 바랐다. 나는 더 자고 싶었기 때문에 짜증이 났다.
어느 날 우리 둘 다 차분할 때, 이른 아침 상황에 대해 함께 의논

했고, 문제 해결을 위한 책을 하나 만들어서 거기에 더글러스는 그림을 그리고 나는 목록을 적었다. 더글러스는 내 머리에서 불꽃이 솟구쳐 오르는 그림을 그렸다. 나는 우리가 그 상황에서 각자 가지고 있는 욕구를 적었다. 내 욕구는 평화롭게 자는 것이었다. 아이 욕구는 놀기, 먹기, 그리고 따뜻함이었다. 우리는 우리 욕구를 충족하기 위한 수단 방법을 브레인스토밍 했다. (1) 내가 계속 자고 있는 동안 더글러스는 옆방에서 조용히 기차를 가지고 논다. (2) 나는 아이 손이 닿는 곳에 시리얼과 우유를 놓아두고, 아이는 자기가 먹고 싶을 때 먹는다. 아이가 따뜻함을 바라는 욕구를 어떻게 충족했는지는 모르겠다. 그러나 아마 다른 두 욕구가 그에게는 더 중요했고 그래서 나중에, 내가 좀 더 쉬고 일어나서 기분이 더 좋아졌을 때 따뜻함 욕구를 충족할 수 있다는 것을 알았을 것이다.

실로 오랜만에 처음으로 마음 가벼운 순간

이 이야기는 작지만 중요한 의미가 있는 연결의 순간을 눈여겨보는 것이 얼마나 중요한지를 보여줍니다.

열일곱 살 난 우리 아들은 외동이다. 몇 년 동안 아내와 나는 둘 다 우리 아들이 부모인 우리의 가치관이 맞는다고 확인해주기를 기대했다. 한편, 아들은 아내와 내가 그 애에게, 그리고 그 애를 위해 바라는 것에 저항하기 위해 별짓을 다 했다.

우리 세 사람은 NVC 상담자를 찾아갔다. 그는 우리에게 최근에 나와 아내가 우리 아들이 저항했다고 생각하는 상황과 '의식적으로 반응'하거나 '책임감 있게' 행동하지 않고 있었다고 생각하는 상황을 하나 말해달라고 요청했다. 나는, 아들에게 시간을 좀 내서 실내용 난방 기구를 고쳐놓으라고 부탁했는데, 내가 집에 돌아갔을 때 난로가 수리되지 않은 것을 보고 아들에게 묻자, 그 애가 사용 설명서를 도무지 찾을 수가 없어서 그 일을 어떻게 해야 할지 모르겠다고 말했던 일에 관해 이야기했다. 나는 아들이 문제 해결 능력을 더 보여주지 않아서, 그리고 난로를 고쳐보려는 시도조차 하지 않아서 그에게 좌절감을 느꼈고 짜증이 났으며 실망했다고 말했다. 아들은 내가 하는 말이 집에서 아주 익숙하게 듣곤 하는 잘못 지적하기처럼 들린다고 말했다.

그 말을 듣는 순간 나는 돌파구를 찾았고 그 상황에 대한 관찰을 할 수 있었으며, 내 느낌과 욕구를 확인할 수 있었다. 나는 최선을 다해 마음을 가다듬고 똑바로 앉아 내 느낌과 욕구와 함께 판단을 섞지 않은 관찰이라고 생각하는 것을 전달했다. 나는 거기서 막혔고 아들에게 부탁할 말이 생각나지 않았다. 상담자가 제안한 것은, 그저 내가 한 말을 듣고 아들이 어떤지 피드백을 부탁하라는 것이었다. 그래서 나는 그렇게 했다. 나는 물었다. "내가 말한 걸 어떻게 들었니?" 그러나 판단하지 않는 대화에서 내가 시도한 것을 통해 자기가 들은 것은 여전히 비난과 잘못 지적하기였다고 아들이 말하는 것을 듣고는 매우 낙심했다. 나는 두 손 다 들었다. 내가 말했다. "와, 이거 정말 힘드네요! 어쩌면 전 이걸 할 수 없을지도 모르겠어요. 저는 판단이나 평가를 하지 않고 소통에 최선을 다했는데, 아들은 여전히 판단과 비난을 들었어요."

상담자는 아들도 잘못을 지적하지 않는 대화를 하고자 하는 내 의도를 들었는지 아들한테 물어보라고 내게 제안했고, 나는 그렇게 했다. 그런데 놀랍게도 아들은 내 의도가 오래된 내 습관을 바꾸려는 것임을 알아채고 있었다. 그러면서 아들은, 비록 내 대화에서 여전히 비난이 들리기는 하지만, 자기도 내가 방금 자기한테 말한 방식이 평소와는 다른 방식이었다는 점에 주목했다고 말했다. 아들의 관찰에 우리 둘은 함께 웃었다. 음, 그것은 우리가 오랜만에 처음으로 함께 나눈, 가볍고 그저 마음이 푸근한 순간 중 하나다. 그래서 아들과 내가 비록 우리가 바라던 극적인 연결을 이루지는 못했지만 짧은 연결을 했고, 그 연결은 그 나름대로 꽤 극적이었다.

'징징거리는' 아이들

아이들이 왜 징징거리는지에 대한 이 엄마의 통찰은 그 행동을 좋아하지 않고 이해할 수 없어 쩔쩔매는 다른 부모들에게 도움이 될 수 있었습니다.

우리 집을 둘러싼 가장 큰 이슈는 언제나 '징징거리는 것'이었다. 내 인식이 전환된 경험을 했던 그 당시 우리 아이들은 네 살, 일곱 살, 열 살이었다. 내가 볼 때 우리 아이들은 항상 징징거렸다. 그게 나를 미치게 했다. 아이들 목소리에서 징징거리는 소리를 들을 때마다 내가 하고 있는 일을 당장 멈추고 싶었다. 그즈음에 집에서 멀리 떨어진 곳에서 열린 부모 역할 워크숍에 갔는데, 그곳에서 모든 사람은 늘 자기 욕구를 표현하고 있다는 것을 배웠다.

내가 집으로 돌아간 다음, 우리 딸이 제일 먼저 '징징거린' 일은 그 애가 나에게 무언가를 요청할 때였다. 그 순간 갑자기 깨달았다. 딸아이는 자기가 부탁하는 것을 내가 거절하거나 반대할 거라고 예상할 때 징징거린다는 것을. 나는 또 딸아이는 무언가를 요구하는 데 익숙하고 자기 요구를 내가 거절하는 데에도 익숙하다는 것을 깨달았다. 우리의 상호작용에서 우리 딸은 자주 자기가 원하는 것을 얻을 힘이 없다는 것이 내게는 분명하게 보였다.

그 순간 딸을 향한 연민이 물밀 듯 밀려오는 것을 느꼈다. 나는 또한 아이들을 기르면서 내 아이들 모두가 가지고 있는 자율성 욕구에 내가 얼마나 존중을 표현하지 않았었는지도 알았다. 내가 이전에 징징거린다고 생각했던 것은 자기들 말이 충분히 들리게 하려는 나름의 방식이었고, 자기들의 자율성을 존중하지 않는 나에게 반항하는 방식이었다. 이 모든 것을 완전히 깨닫자 내 아이들과 내 관계에 신뢰와 존중이 너무 없다는 점이 후회되고 마음이 아팠다.

나는 내 생각과 깨달음에 대해 아이들에게 이야기하고, 내가 그들 말을 귀 기울여 듣고 우리 사이에 더 많은 신뢰를 쌓기 위해 노력하기를 정말로 바란다는 것을 알려주었다. 내 말이 끝나자, 아이들은 나를 마치 외계인이라도 보듯 바라보았다. 네 살배기가 울기 시작했다. 그러나 내가 아이들과 이야기한 지 딱 3주 만에 징징거리는 행동은 극적으로 줄어들었고, 아이들과 나는 우리가 함께 있는 것을 매우 즐기고 있다.

혼돈에서 고요로

한 사람이 어떻게 서로가 만족할 수 있는 변화를 만들어낼 수 있는가에 관한 또 다른 사례입니다.

우리는 친구들과 함께 지내고 있었다. 그건 정말 혼란스러운 상황이었고, 나는 안주인이었다. 나는 몇 번째인지도 모를 요리를 하고 있었고(15인분 아침 식사), 그 후엔 청소를 하고, 그런 다음엔 점심 준비를 하고 있었다. 많이 도와주고들 있었지만 오랜 시간 서서 요리하느라 부엌 스트레스가 계속되고 있었다. 키미는 두 살이었고, 아직 젖을 먹고 있었다. 부엌에서 일어나는 그 모든 일들 한가운데서, 키미는 젖을 먹고 싶어 했다. 타이밍이 좋지 않았다. 나는 말했다. "키미, 지금은 안 돼. 지금은 일이 좀 많아. 이따가." 키미는 거기 서서 커다란 눈으로 나를 바라보고 있었다, 아무 말도 안 하며. 아이 눈을 들여다본 바로 그 순간, 내 욕구가 전환되는 경험을 했다. 그 순간 이전에는 부엌에서 진행되는 모든 일을 계속하는 것이 내게 중요한 일이었었다. 나는 앉아서 아이에게 젖을 먹였고, 우린 둘 다 만족했다.

자진해서 돕기

> 이 어머니가 강요와 부탁의 차이를 이해하자 그 집에서는 모든 일이 다른 방식으로 진행되었습니다.

그즈음 열여섯 살 난 우리 아들이 집에 있는 날이 많음에도 집안일을 돕지 않아 나는 좌절감과 분노를 느끼고 있었다. 우리는 내가 아들에게 청소기 돌리기 또는 쓰레기 버리기 같은 무언가를 도와줄 수 있는지 물어보는 고통스러운 일상을 반복하고 있었다. 아들은 얼굴을 찌푸리며 바쁘다고 말하거나, 아니면 마지못해 하겠다고 했다. 둘 중 어떤 반응이든 탐탁지 않았고, 나는 대부분의 시간을 분개하며 보냈다.

어느 날 나는 깨달았다. 나를 비참하게 만드는 것은 그 아이가 아니라 나란 것을. 나는 그 애가 도와야만 한다는 기대를 가지고 있었다. '해야만 한다'는 그 말은 언제나 나를 곤경에 빠뜨리곤 한다. 그래서 그 애가 도와주지 않으면 나는 화가 났고, 그 일이 며칠 동안 나를 갉아먹곤 했다. 또, 도와달라는 말을 강요로 들었을 때 아들이 보이는 즉각적인 반응은 저항하거나 아니면 누가 봐도 화난 태도로 그 일을 하는 것이었는데, 이게 나에게는 저항할 때보다 더 나빴다.

그날 나는 기대를 내려놓고 무슨 일이 일어나는지 보기로 결심했다. 그러자 바로 안도감을 느꼈다. 나는 기대하지 않고 있었고, 강요하지 않고 있었는데, 모든 분개심이 사라지기 시작했다. 내 가슴이 이완되었다. 나는 슬픔에 휩싸였다. 나는 아들이 나에게 줄 수 있는 도움뿐만 아니라 내가 너무도 좋아했던 그의 동료애도 여전히 원했기 때문이다. 난 여전히 도움을 바라고는 있었지만, 그 즉시 기분이 좋아지기 시작했고, 그냥 나 혼자 일하기 시작했다.

며칠 후 나는 진짜 일정이 빡빡해서 아들에게 물어보았다. 조련사에게 맡겨놓은 강아지를 그날 오후에 데려올 마음이 있는지를. 아들은 계획이 좀 있다고 말했고, 나는 "알았어, 내가 할게."라고 말했다. 한 시간 후에 아들이 전화해서는, "엄마, 제가 강아지를 데려올 수 있어요."라고 했다. 난 그저 이렇게만 말했다. "훌륭해. 그렇게 해주면 큰 도움이 되겠다."

그 애가 도와주겠다고 한 것은 내가 기억하는 한 그때가 처음이었고, 그건 여러 가지 방법으로 죄책감을 느끼게 하려고 강요하며 벌주던 것을 내가 멈추었기 때문이라는 것을 안다. 나는 내가 강요해서가 아니라 그 애가 그걸 하는 게 즐겁기 때문에 돕고 싶어 한다는 것을 안다. 그 애가 지금부터는 집안일을 훨씬 더 많이 도울 것 같다. 그 애가 하고 싶어 하니까.

내가 생각했던 걸 가르치지 못하고 있다

이 가족은 아들이 이를 닦게 하려고 상과 벌 제도를 마련했고, 어머니는 자기가 속한 부모 역할 그룹 강사에게 다음과 같이 말했습니다.

내 '평가 방법'이 어떻게 우리 아들을 그저 복종만 하게 만들었는지 이제 알겠어요. 내가 진정으로 아이가 배우기를 바랐던 걸 아이에게 가르치지 못하고 있었어요. 제가 바라는 건 아이가 스스로 자기 건강을 돌보는 것이거든요. 말할 것도 없이 그 때문에 힘겨운 싸움이 수없이 이어졌지요.

미래에 대한 희망

한 아버지가 눈물을 흘리며, 자기가 속한 NVC 부모 역할 그룹 강사와 이 이야기를 나누었습니다.

나는 오늘 아침 많은 부모님들께 연락해서 우리 부모들을 위한 공감지원팀을 같이 만들자고 했어요. 어젯밤 나는 내가 공감을 더 많이 받을수록 아들에게 더 많은 것을 해줄 수 있고 더 현존할 수 있다는 것을 깨달았거든요.

바로잡기 vs. 공감하기

이 부모는 우리가 믿는 것, 즉 사람들은 자기 말이 상대방에게 들리기를 무엇보다도 간절히 바란다는 것이 보편적인 진리임을 알았습니다.

어느 날 내 딸은 기분이 엉망이라고 투덜대며 축 늘어져 있었다. 나는 부엌 조리대에서 음식을 만드느라 바빴고, 오랜 습관대로 즉시 도움이 될 만한 조언으로 딸의 문제를 바로잡기 시작했다. 그러다 문득 딸은 그 순간 그냥 자기가 느끼고 있는 것을 공감받기를 원할 뿐이라는 걸 깨달았다!

그 애는 바로잡아질 필요가 없다. 즉 그 애는 그냥 자기가 느끼고 있는 것을 공감받고 싶어 할 뿐이라는 깨달음과 함께 나는 말하다 말고 멈추었다. 나는 딸에게 그렇게 말하며 그 애 곁으로 가서 앉았다. 팔로 아이를 감싸 안으며 아이가 자기 느낌에 의식적으로 그리고 더 깊이 연결할 수 있는 순간을 갖게 해주었다. 아이는 바로 반응을 보였고, 아이 몸이 내게로 녹아들었다. 아이는 자기 느낌을 느끼며 그 순간 자신이 그냥 있는 그대로 받아들여진 기회에 감사했다. 거기 그렇게 함께 앉아 있는 동안 우리는 서로 돌보고 지지하고 존중하고 감사하는 마음을 느꼈다.

난 정말 원한다, 아이가 이것을 듣기를

이것은 아빠와 의붓아들 제이슨 사이에 오간 대화 전체입니다. 기린 표현, 공감, 그리고 자기 공감으로 이루어진 NVC 프로세스를 분명하게 보여줍니다.

아빠: 집 앞 젖은 풀밭에서 내 연장을 찾았다. 녹이 슬고 있더구나. 내 연장이 나한테 얼마나 중요한지 아니? 그러니 그걸 쓰고 싶으면 너도 정리를 잘해야 한다고 내가 몇 번이나 말했니? 알 만도 한데 왜

이래? 네가 그렇게 무책임하다니 믿을 수가 없다.

심장이 쿵쾅거리고 목둘레와 얼굴에 평소보다 열이 더 나는 것을 느끼면서, 아빠는 이 상황에 대해 이야기하는 것만으로도 그날 아침에 자기가 느꼈던 분노가 더 자극된다는 것을 깨달았습니다.

아빠는 진정하고 이완하기 위해 심호흡을 몇 번 했습니다.

자신이 자칼 생각에 사로잡혀 있다는 것 깨닫기: '저 녀석은 어떻게 저렇게 어리석을까? 저 녀석을 믿을 수 없다는 건 이미 알고 있었어! 두 번 다시 내 물건에 손대지 못하게 하겠어!'

아빠는 자기 생각을 제이슨에 대한 판단보다는 자기 느낌과 욕구에 연결하기로 선택합니다. 그러나 만약 자기가 지금 당장 아들과 대화한다면 그럴 기회가 사라질 것 같아 자기 공감을 먼저 하기로 선택했습니다.

아빠는 조용히 자기 공감을 합니다.

관찰: [와! 내가 소중히 여기는 물건들이 녹슨 채 방치되어 있고 잔디 깎는 기계에 치일 수도 있는 것을 보니……]

아빠는 어떤 판단도 하지 않으려는 의도를 가지고 관찰하는 연습을 합니다. 판단을 하면 아빠의 생각이 제이슨에게 화가 나는 생각으로 이끌려 갈 것이고 비판과 비난을 더 고조시킬 것이며 그래서 더욱 더 화나게 만들 겁니다.

느낌과 욕구: [속이 상한다. 왜냐하면 내 연장들이 존중받고 배려받을 필요가 있기 때문이야. 특히 내가 이 연장들을 가지고 일을 해야 할 때는 말이야.]

아빠는 화가 날 땐 자기 욕구에 빨리 연결하는 것이 가장 도움이 된다는 걸 알고 있습니다.

의도와 연결하기: [난 제이슨이 이 일에 관해 내 말을 듣기를 바라고, 그 애가 그러지 않는다면 내가 정말 속상할 거라는 걸 안다. 나는 또 이 사건이 우리의 연결을 약화시키기보다는 더 튼튼하게 해줄 거라는 확신도 있다.]

아빠는 이제 각자가 자기 존중을 유지하는 방식으로 제이슨에게 말할 수 있을 만큼 자신이 충분히 명료해졌다는 걸 깨닫습니다.

아빠: 내 연장들이 녹슨 채로 방치되어 있고 어쩌면 잔디 깎는 기계에 치일 수도 있는 걸 볼 때 난 정말 속이 상했어. 왜냐하면 난 내 연장들이 존중받고 배려받는 게 중요하거든. 특히 내가 일할 때 그 연

장들을 써야 하면 더 그래.

네가 내 말을 어떻게 들었는지 궁금하다.

제이슨: 아빠는 제게 화가 났고 전 더 이상 아빠 연장을 쓸 수 없다고요.

아빠: 너랑 같이 그걸 확인해서 정말 기쁘다. 사실, 나에 대해 설명하려고 노력하고 있었거든. 내 연장들에 대한 존중과 배려가 나한테 얼마나 중요한지 네가 듣기를 바랐다. 특히 내가 그 연장들을 가지고 일을 해야 할 때는 말이다.

이번엔 내 말을 어떻게 들었니?

제이슨: 아빠 말을 알아듣지 못하는 바보라는 거요.

제이슨에게 강한 감정이 일어나기 시작하고 있었습니다. 아빠는 제이슨의 느낌과 욕구를 듣기 위해 자기를 설명하는 일을 멈추기로 했습니다.

아빠: 흐음? 내 말을 못 알아들어서 실망하고 있다는 말로 들리는구나.

제이슨: 네, 전 제대로 하는 게 하나도 없어요. 아빤 늘 뭔가를 가지고 저한테 잔소리하시잖아요.

아빠: 그래, 그 말은 전에 내가 너한테 이야기했던 것들 때문에 슬픔과 실망감을 많이 느끼고 있다는 말로 들린다. 넌 어쩌면 우리 사이에 달라지는 게 없을 거라는 절망감마저 느끼고 있을지 모르겠구나.

제이슨: 네, 맞아요! 제가 무얼 해야 할지 모르겠어요. 전 여기서 최선을 다

하고 있어요. 아빠 그저 제가 항상 완벽하기만을 바라시죠.

아빠: 넌 지금 좌절감을 느끼고 있고, 그래서 네가 늘 최선을 다하려 하고 있다는 걸 좀 이해받았으면 좋겠니?

제이슨: 그럼요, 도움이 되죠. 누군가가 항상 저한테 소리 지르는 거에 질렸다고요.

아빠: (자기 공감을 하며) [와! 완전 충격이다. 난 절대 저 애한테 소리 지르지 않는다고 생각했는데. 저 말에 대해 좀 더 정확하게 하고 싶다. 저 말을 들으니 서운하고 속이 상한다. 난 지금 이해가 좀 필요해. 휴! 고함부터 치고 보는 건 소용이 없구나. 그러나 제이슨이 자기가 이해받고 있다는 확신을 가지게 해주고 싶다. 그러니 저 애가 사물을 보는 방식을 계속 공감해주려고 노력해야겠어.]

아빠: 그럼, 네가 최선을 다하려고 하는 게 얼마나 힘든지 이해받을 수 있다면 안심이 되겠다는 말을 하고 있는 거니?

제이슨: 네, 그래요! 전 아빠 옆에 있으면 항상 긴장하게 되고 실수나 뭐 그런 걸 하지 않을까 걱정돼요. 바로 지금처럼요.

아빠: 나랑 같이 있는 것만으로도 실수할까봐 걱정되고 긴장된다는 말이야?

제이슨: (의자에 몸을 깊숙이 파묻고 앉아 긴장을 풀기 시작한다.) …… 네.

아빠: 나한테 말하고 싶은 거 더 없니?

제이슨: 지금은 없어요.

아빠: 이렇게 말해줘서 정말 기쁘다. 그리고 지금 나한테 올라오는 것이

있는데 너한테 말해도 될까?

제이슨: 하세요.

아빠: 우선 네 마음속에 있는 것을 기꺼이 나한테 말해줘서 내가 얼마나 고마워하는지 말해주고 싶구나. 그리고 네가 전에도 집안일을 도우려고 노력했던 게 나한테는 얼마나 큰 의미가 있는 거였는지 너한테 분명하게 말해주지 못했다는 걸 깨닫고 나니 얼마나 슬픈지 몰라.
내 말을 어떻게 들었니?

제이슨: 슬프거나 뭐 그런 걸 느끼신다고요. 나머진 무슨 말인지 모르겠어요.

아빠: 그래, 나는 슬프다. 집안일을 거들려는 네 노력이 얼마나 도움이 되는지 너에게 더 자주 말해줄 수 있었더라면 좋았을 텐데.
이제 내가 무슨 말을 하려는지 좀 더 잘 알아들을 수 있겠니?

제이슨: 그런 것 같아요.

아빠: 내 말에서 네가 무엇을 들었는지 알고 싶다.

제이슨: 제가 집안일 돕는 걸 아빠가 알고 있고 그걸 좋아하신다고요.

아빠: 그래, 그렇게 들어줘서 기쁘구나. 고맙다.

제이슨: 뭘요.

아빠: 연장 얘기를 좀 더 해도 될까?

제이슨: 괜찮아요, 너무 오래 걸리지 않는다면요.

아빠: 고맙다. 내 연장들이 나한테 얼마나 큰 의미가 있는지, 그래서 그

것들이 망가질지도 모른다는 생각이 들자 얼마나 겁이 났는지 네가 들어주면 정말 좋겠다.

내가 뭐라고 말했는지 들은 대로 말해줄래?

제이슨: 아빠한테는 아빠 연장들이 큰 의미가 있고 그래서 녹이 슬지도 모른다는 생각을 하자 겁이 나셨다고요.

아빠: 맞아. 고맙다.

지금 이 연장들을 정리하는 걸 네가 도와줄 마음이 있는지, 그리고 이런 일이 또다시 일어나지 않게 할 방법에 관해 이야기해볼 마음이 있는지 알고 싶다.

제이슨: 그렇게 하고 싶어요.

아빠: 고맙다. 이 일에 관해 기꺼이 나와 함께 작업해준 것에 정말 감사한다.

참고 문헌

Carlson, Richard. *You Can Happy No Matter What: Five principles Your Therapist Never Told You.* Novato, CA: New World Library, 1992. (『우리는 사소한 것에 목숨을 건다』, 창작시대, 2011)

Childre, Doc, and Deborah Rozman. *Transforming Anger: The HeartMath™ Solution for Letting Go of Rage, Frustration, and Irritation.* Oakland, CA: New Harbinger Publications, 2003.

Eisler, Riane. *The Chalice and the Blade: Our History, Our Future.* San Francisco: Harper & Row, 1987. (『성배와 칼』, 비채)

Goleman, Daniel. *Emotional Intelligence: Why It Can Matter More Than IQ.* New York: Bantam, 1995. (『EQ 감성지능』, 웅진지식하우스, 2008)

Gyatso, Tenzin (the fourteenth Dalai Lama of Tibet). "Compassion and the Individual," excerpt from a speech given to an audience of ten thousand people in Perth, Australia, April 30, 1992. John Robert Bauer, www.john-bauer.com/dalai-lama.htm (accessed January 17, 2006).

Hodson, Victoria Kindle, and Mariaemma Willis. *Discover Your Child's Learning Style.* Roseville, CA: Prima Publishing, 1999.

Krishnamurti, J. *Freedom from the Known.* Brockwood Park, Bramdean, Hampshire, UK: Krishnamurti Foundation Trust Limited, 1969. (『아는 것으로부터의 자유』, 물병자리, 2002)

Lipton, Bruce H. *The Biology of Belief: Unleashing the Power of Consciousness, Matter and Miracles.* Santa Rosa, CA: Mountain of Love / Elite Books, 2005. (『당신의 주인은 DNA가 아니다』, 두레, 2014)

Mendizza, Michael, with Joseph Chilton Pearce. Magical Parent, *Magical Child: The Art of Joyful Parenting.* Berkeley, CA: North Atlantic Books; Ojai, CA: In-Joy Publications,

2003.

Pearce, Joseph Chilton. *The Biology of Transcendence: A Blueprint of the Human Spirit*. Rochester, VT: Park Street Press, 2002.

Roper, Tim, and Larissa Conradt. "Group Decision-Making in Animals." *Nature*, 421 (9 January 2003): 155-158.

Sahtouris, Elisabet. *EarthDance: Living Systems in Evolution*. N.p.: iUniverse (available at www.iuniverse.com/bookstore/book_detail.asp?&isbn= 0-595-13067-4), 2000.

_____. "Skills for the Age of Sustainability: An Unprecedented Time of Opportunity." Tachi Kiuchi's Tokyo newsletter *The Bridge*, May 2002, 3.

Schore, Allan N. *Affect Regulation and the Origin of the Self: The Neurobiology of Emotional Development*. Hillsdale, NJ: Lawrence Earlbaum Associates, 1994.

Siegal, Daniel J. *The Developing Mind: How Relationships and the Brain Interact to Shape Who We Are*. New York: Guilford Press, 1999. (『마음의 발달』, 하나의학사, 2018)

Siegal, Daniel J., and Mary Hartzell. *Parenting from the Inside Out: How a Deeper Self-Understanding Can Help You Raise Children Who Thrive*. New York: Penguin, Jeremy P. Tarcher, 2003.

Wink, Walter. *The Powers That Be: Theology for a New Millenium*. New York: Doubleday, 1998.

권장 도서

Childre, Doc, and Deborah Rozman. *Transforming Anger: The HeartMath Solution for Letting Go of Rage, Frustration, and Irritation.* Oakland, CA: New Harbinger Publication, 2003.

Cohen, Lawrence. *Playful Parenting.* New York, Ballantine, 2001. (『엄마는 아이의 불안을 모른다』, 예담, 2014)

Faber, Adele, and Elaine Mazlish. *How To Talk So Kids Will Listen, and How to Listen So Kids Will Talk.* New York, Avon Books, 1980.

Feinstein, Sheryl. *Secrets of the Teenage Brain: Research-Based Strategies for Reaching & Teaching Today's Adolescents.* San Diego, CA: The Brain Store, 2004.

Fritz, Robert. *The Path of Least Resistance: Learning to Become the Creative Force in Your Own Life.* New York: Fawcett Columbine / Ballantine, 1989.

Ginott, Haim. *Between Parent and Child.* New York: Avon Books, 1965. (『부모와 아이 사이』, 양철북, 2003)

Hart, Sura, and Victoria Kindle Hodson. *The Compassionate Classroom: Relationship Based Teaching and Learning.* Encinitas, CA: PuddleDancer Press, 2004.

Herzog, Rita, and Kathy Smith. *The Mayor of Jackal Heights.* La Crescenta, CA: Center for Nonviolent Communication, 1992. (『자칼 마을의 소년 시장』, 한국NVC출판사, 2014)

Hodson, Victoria Kindle, and Mariaemma Willis. *Discover Your Child's Learning Style.* Roseville, CA: Prima Publishing, 1999.

Institute of HeartMath. *The Inside Story: Understanding the Power of Feelings.* Boulder Creek, CA: HeartMath L.L.C., 2002.

Kabat-Zinn, Myla, and Jon Kabat-Zinn. *Everyday Blessing: The Inner Work of Mindful Parenting.* New York: Hyperion, 1997.

Kashtan, Inbal. *Parenting from Your Heart: Sharing the Gifts of Compassion, Connection, and Choice*. Encinitas, CA: PuddleDancer Press, 2003. (『자녀가 "싫어!"라고 할 때』, 한국NVC출판사, 2013)

Kohn, Alfie. *Unconditional Parenting: Moving from Rewards and Punishments to Love and Reason*. New York: Atria Books, 2005. (『자녀교육, 사랑을 이용하지 마라』, 우리가, 2010)

Krishnamurti, J. *To Be Human*. Boston: Shambhala Publications, 2000.

Lipton, Bruce. *The Biology of Belief: Unleashing the Power of Consciousness, Matter and Miracles*. Santa Rosa, CA: Mountain of Love / Elite Books, 2005. (『당신의 주인은 DNA가 아니다』, 두레, 2014)

Mendizza, Michael, with Joseph Chilton Pearce. *Magical Parent, Magical Child: The Art of Joyful Parenting*. Berkeley: North Atlantic Books / Ojai, CA: In-Joy Publications, 2003.

Pearce, Joseph Chilton. *The Biology of Transcendence: A Blueprint of the Human Spirit*. Rochester, VT: Park Street Press, 2002.

Rosenberg, Marshall B. *Nonviolent Communication: A Language of Life*. Encinitas, CA: PuddleDancer Press, 2003. (『비폭력대화』, 한국NVC출판사, 2017)

_____. *Raising Children Compassionately: Parenting the Nonviolent Communication Way*. Encinitas, CA: PuddleDancer Press, 2000.

_____. *The Surprising Purpose of Anger–Beyond Anger Management: Finding the Gift*. Encinitas, CA: PuddleDancer Press, 2005. (『분노의 놀라운 목적』, 한국NVC출판사, 2017)

Seigel, Daniel J., and Mary Hartzell. *Parenting from the Inside Out: How a Deeper Self-Understanding Can Help You Raise Children Who Thrive*. New York: Penguin, Jeremy P. Tarcher, 2003.

비폭력대화 프로세스

비난하거나 비판하지 않으면서 내가 어떤지를 명확하게 표현하기	비난이나 비판으로 듣지 않으면서 네가 어떤지를 공감으로 듣기
1. 내 웰빙에 기여하거나 기여하지 않는 것을 평가하지 않으면서 내가 관찰하는 것(보는 것, 듣는 것, 기억하는 것, 상상하는 것): "내가 ……을 볼 때/들을 때"	1. 네 웰빙에 기여하거나 기여하지 않는 것을 평가하지 않으면서 네가 관찰하는 것(보는 것, 듣는 것, 기억하는 것, 상상하는 것): "네가 ……을 볼 때/들을 때"
2. 내가 관찰한 것과 관련하여 내가 어떻게 느끼는지(생각보다는 감정이나 감각을): "나는 …… 느낀다."	2. 네가 관찰한 것과 관련하여 네가 어떻게 느끼는지(생각보다는 감정이나 감각을): "너는 …… 느낀다."
3. 내 느낌을 일으키는, 내가 필요로 하는 것 또는 소중히 여기는 것(좋아하는 것이나 특정한 행동보다는): "…… 때문에 나는 ……을 필요로 한다./소중히 여긴다."	3. 네 느낌을 일으키는, 네가 필요로 하는 것 또는 소중히 여기는 것(좋아하는 것이나 특정한 행동보다는): "…… 때문에 너는 ……을 필요로 한다./소중히 여긴다."
강요하지 않으면서 내 삶을 풍요롭게 해줄 부탁을 명확하게 하기	어떤 강요도 듣지 않으면서 네 삶을 풍요롭게 해줄 것을 공감으로 듣기
4. 내가 원하는 구체적인 행동들: "네가 …… 해줄 마음 있니?"	4. 네가 원하는 구체적인 행동들: "너는 …… 했으면 하니?" (공감할 때 이 말을 생략하기도 한다.)

• 더 알고 싶으면 국제비폭력대화센터www.CNVC.ogr나 한국비폭력대화센터www.krnvc.org를 방문하세요.

우리 모두가 가지고 있는 근본 느낌들의 예

욕구가 충족되었을 때

- 간절하다
- 감격하다
- 감동하다
- 감사하다
- 고무되다

- 기쁘다
- 깜짝 놀라다
- 낙관하다
- 놀라다
- 만족하다

- 믿음직하다
- 안도하다
- 아주 흥미로워하다
- 영감을 받다
- 자랑스럽다

- 자신감 있다
- 즐겁다
- 편안하다
- 활기차다
- 희망에 차다

욕구가 충족되지 않았을 때

- 걱정스럽다
- 괴롭다
- 귀찮다
- 낙담하다
- 당황스럽다

- 마음 내키지 않다
- 무력감이 들다
- 불편하다
- 슬프다
- 실망하다

- 안달하다
- 안절부절못하다
- 압도되다
- 얼떨떨하다
- 외롭다

- 좌절감을 느끼다
- 짜증나다
- 절망적이다
- 혼란스럽다
- 화나다

우리 모두가 가지고 있는 근본 욕구들의 예

자율성

- 꿈/목표/가치를 선택하기
- 자신의 꿈/목표/가치를 실현하기 위한 계획 선택하기

삶을 기리기

- 생명 창조와 실현된 꿈 축하하기
- 상실(사랑했던 사람, 꿈 등) 애도하기

놀이

- 재미
- 웃음

몸 돌보기

- 공기
- 음식
- 운동, 훈련
- 삶을 위협하는 것(바이러스, 박테리아, 곤충, 포식동물 등)으로부터 보호
- 휴식
- 성적 표현
- 쉴 곳
- 접촉
- 물

인테그리티

- 진정성
- 창조성
- 의미
- 자존감

영적 교감

- 아름다움
- 조화
- 영감
- 질서
- 평화

서로기댐(상호의존)

- 수용
- 감사
- 친밀함
- 공동체
- 배려
- 공감
- 삶을 풍요롭게 하는 데 기여하기
- 정서적 안전